COM_A_3001_03. Tratamiento de textos

Elsa Rubio Duce

ic editorial

COM_A_3001_03. Tratamiento de textos
© Elsa Rubio Duce

1ª Edición

© IC Editorial, 2026

Editado por: IC Editorial
c/ Cueva de Viera, 2, Local 3
Centro Negocios CADI
29200 Antequera (Málaga)
Teléfono: 952 70 60 04
Fax: 952 84 55 03
Correo electrónico: iceditorial@iceditorial.com
Internet: www.iceditorial.com

ISBN: 979-13-7027-192-3
Depósito Legal: MA 599-2026

Impresión: PODiPrint
Impreso en Andalucía – España

Nota de la editorial: IC Editorial pertenece a Innovación y Cualificación S. L.

Presentación del manual

El **Certificado Profesional**, anteriormente llamado Certificado de Profesionalidad, constituye el Grado C en el Sistema de Formación Profesional, asociado a un perfil profesional. Acredita la capacitación para el desarrollo de una actividad profesional concreta a través de las competencias adquiridas. Tiene carácter parcial y acumulable cuando existan Ciclos Formativos (Grado D) en los que sus módulos profesionales se encuentren contenidos en su totalidad o en parte.

El elemento mínimo acreditable es el **Estándar de Competencia.** La suma de las acreditaciones de los Estándares de Competencia conforma la acreditación del **Módulo Profesional** (Grado B).

Un Estándar de Competencia se define como una agrupación de tareas productivas que realiza el profesional. Los diferentes Estándares de Competencia de un Certificado Profesional conforman la **Competencia General.** Definiendo el conjunto de conocimientos y capacidades que permiten el ejercicio de una actividad profesional determinada.

Cada Estándar o Estándares de Competencia lleva asociado un Módulo Profesional, donde se describe la formación necesaria para adquirir ese Estándar de Competencia, pudiendo dividirse en **Bloques Formativos** (Grado A).

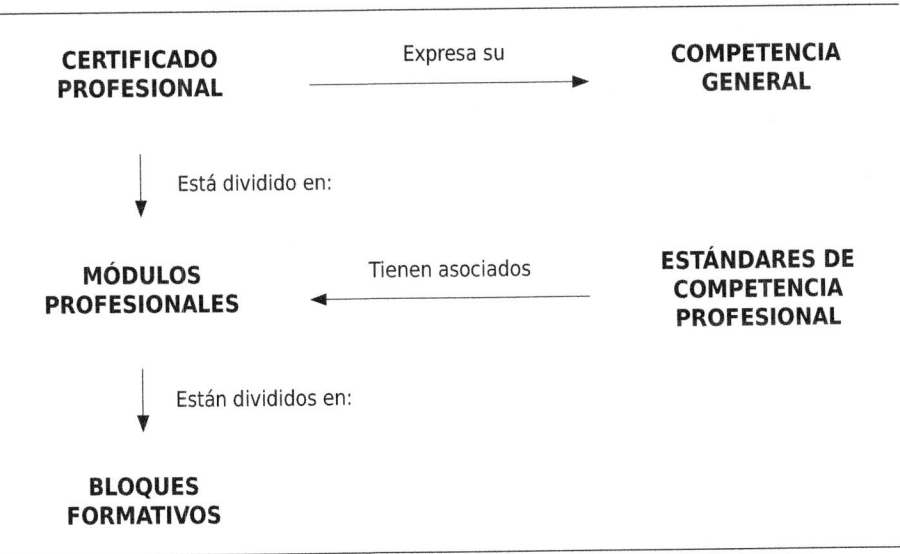

El presente manual desarrolla el Bloque Formativo **COM_A_3001_03. Tratamiento de textos,**

Perteneciente al Módulo Profesional **COM_B_3001. Tratamiento informático de datos,**

Asociado al Estándar/Estándares de Competencia:

⇨ **UC0973_1:** Introducir datos y textos en terminales informáticos en condiciones de seguridad, calidad y eficiencia.

del Certificado Profesional **COM_C_001_3B. Actividades auxiliares de almacenaje.**

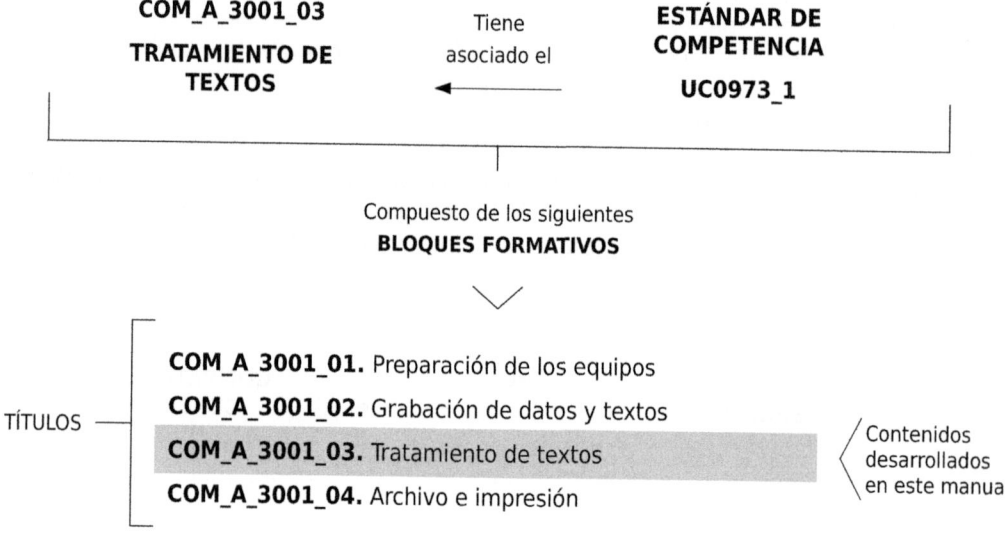

FICHA DE CERTIFICADO PROFESIONAL

COM_C_001_3B. ACTIVIDADES AUXILIARES DE ALMACENAJE (Real Decreto 212/2025, de 18 de marzo)

COMPETENCIA GENERAL: Realizar operaciones auxiliares de almacenaje de productos y mercancías, así como las operaciones de tratamiento de datos relacionadas, siguiendo protocolos establecidos, criterios comerciales y de imagen, operando con la calidad indicada, observando las normas de prevención de riesgos laborales y protección medioambiental correspondientes.

Estándares de Competencias Profesionales		Ocupaciones o puestos de trabajo relacionados
UC1325_1	Realizar las operaciones auxiliares de recepción, colocación, mantenimiento y expedición de cargas en el almacén de forma integrada en el equipo.	• Empleados/as de reposición. • Operarios/as de pedidos. • Carretilleros/as de recepción y expedición. • Contadores/as de recepción y expedición. • Operarios/as de logística. • Auxiliares de información.
UC0432_1	Manipular cargas con carretillas elevadoras.	
UC0973_1	Introducir datos y textos en terminales informáticos en condiciones de seguridad, calidad y eficiencia.	
UC0974_1	Realizar operaciones básicas de tratamiento de datos y textos, y confección de documentación.	

Correspondencia con el Catálogo Modular de Formación Profesional		
Módulos profesionales	**Bloques formativos**	**Horas**
COM_B_3001. Tratamiento informático de datos. (285 h)	COM_A_3001_01. Preparación de los equipos	50
	COM_A_3001_02. Grabación de datos y textos	90
	COM_A_3001_03. Tratamiento de textos	90
	COM_A_3001_04. Archivo e impresión	55
COM_B_3002. Aplicaciones básicas de ofimática (320 h)	COM_A_3002_01. Tramitación de información en línea	50
	COM_A_3002_02. Comunicaciones mediante correo electrónico	75
	COM_A_3002_03. Hojas de cálculo	135
	COM_A_3002_04. Elaboración de presentaciones gráficas	60
COM_B_3070. Operaciones auxiliares de almacenaje (140 h)	COM_A_3070_01. Recepción de mercancías	30
	COM_A_3070_02. Etiquetado de mercancías	20
	COM_A_3070_03. Almacenamiento de productos y mercancías	30
	COM_A_3070_04. Elaboración de inventarios de mercancías	30
	COM_A_3070_05. Preparación de pedidos	30
1782. Prevención de riesgos laborales		30

Índice

OBJETIVOS GENERALES

Los objetivos generales del **COM_A_3001_03. Tratamiento de textos,** son los siguientes:

- Identificar y seleccionar las aplicaciones a utilizar en cada uno de los ejercicios propuestos.
- Elaborar textos mediante procesadores de textos utilizando distintos formatos.
- Insertar imágenes, tablas y otros objetos en los textos.
- Guardar los documentos realizados en el lugar indicado, nombrándolos de manera que sean fácilmente identificables.
- Proceder a la grabación sistemática del trabajo realizado con objeto de que no se produzcan pérdidas fortuitas.
- Identificar la periodicidad con que han de realizarse las copias de seguridad.
- Seguir las instrucciones recibidas y las normas ergonómicas y de higiene postural en la realización de las labores encomendadas.

Procesadores de textos. Estructura y funciones

Contenido

1. Introducción
2. Identificación de procesadores de texto y sus aplicaciones
3. Estructura y funciones básicas del procesador de textos
4. Normas ergonómicas y hábitos saludables en el trabajo con textos
5. Resumen

Objetivos

Los objetivos específicos de esta Unidad de Aprendizaje son:

→ Identificar los principales procesadores de texto disponibles en el entorno de trabajo.

→ Seleccionar la aplicación adecuada según la tarea a realizar.

→ Reconocer la estructura básica de la interfaz y los menús principales.

→ Distinguir las funciones esenciales de creación, guardado y apertura de documentos.

→ Aplicar las normas de ergonomía y seguridad en el uso del ordenador.

→ Ajustar la posición corporal y el mobiliario para trabajar de forma saludable.

1. Introducción

En cualquier entorno administrativo, el uso de procesadores de texto es una herramienta fundamental para la creación, edición y gestión de documentos de manera eficiente. Su dominio permite elaborar informes, cartas, presupuestos y otros documentos con formato profesional, asegurando la correcta presentación de la información y una comunicación clara dentro de la organización.

En esta unidad aprenderemos a identificar los principales programas de tratamiento de textos, a reconocer sus características y a seleccionar la aplicación más adecuada según la tarea a realizar. Analizaremos la estructura general de los procesadores, sus menús, barras de herramientas y funciones básicas, como la creación, el guardado y la apertura de documentos. Además, conoceremos las opciones de visualización, navegación y edición que facilitan el trabajo diario y mejoran la productividad. Por otro lado, dedicaremos un apartado especial a las normas ergonómicas y a los hábitos saludables que deben aplicarse al trabajar con el ordenador.

Para acompañarnos en este proceso, seguiremos a Rocío, auxiliar administrativa en una empresa de servicios, que está aprendiendo a utilizar de forma eficiente las herramientas de *Microsoft Word* y *Google Docs* para sus tareas diarias. A medida que avance, irá aplicando las normas de ergonomía, explorando las funciones básicas del procesador y optimizando su espacio de trabajo para lograr una gestión documental más ágil, ordenada y saludable.

2. Identificación de procesadores de texto y sus aplicaciones

☞ HILO CONDUCTOR

Rocío acaba de incorporarse a una empresa de servicios y debe preparar varios documentos administrativos. Al ponerse manos a la obra, descubre que puede hacerlo con distintas herramientas, como *Word*, *Writer* o *Google Docs*. Antes de empezar, necesita comprender qué ofrece cada procesador y cuál resulta más adecuado para su trabajo diario.

Un **procesador de texto** es un programa del ordenador (o de internet) que sirve para crear, escribir, modificar, dar formato, guardar e imprimir documentos.

Dicho de forma más simple: es la herramienta que usamos para hacer cartas, informes, ejercicios, contratos, apuntes... de forma ordenada y con aspecto profesional:

- **Crear y escribir.** Te deja escribir texto igual que en una hoja en blanco, pero en digital. Puedes añadir párrafos, títulos, listas, tablas, imágenes, etc.
- **Editar.** Puedes corregir lo que has escrito: borrar, copiar, pegar, mover frases de sitio o cambiar palabras sin tener que reescribirlo todo. También puedes deshacer si te equivocas.
- **Dar formato.** Es lo que marca la diferencia entre un texto y un documento presentable:

  - Poner texto en **negrita** o *cursiva*.
  - Cambiar el tamaño y el tipo de letra.
  - Alinear a la izquierda, al centro o justificar.
  - Crear listas con viñetas o números.
  - Poner títulos más grandes y el cuerpo más pequeño.

- **Guardar y compartir.** El procesador de texto te permite guardar el documento para seguir otro día o para enviarlo. Lo puedes guardar en tu ordenador, en una memoria USB o en la nube. También puedes guardarlo en distintos formatos (por ejemplo, .docx o PDF).
- **Revisar.** Muchos procesadores de texto te avisan si has escrito una palabra mal, o te permiten añadir comentarios y hacer correcciones sin borrar el original. Esto es muy útil en trabajo de oficina.

2.1. Tipos de programas: *Microsoft Word, Writer, Google Docs* y otros

Todos los procesadores de texto cumplen la misma función básica — permitir crear y dar formato a documentos escritos—, pero se diferencian en aspectos como el coste, la disponibilidad en la nube, las herramientas adicionales y la compatibilidad con otros sistemas.

A continuación, se presentan los más conocidos y sus características principales:

➲ **Microsoft Word:**

- ʘ Es el procesador de textos más utilizado a nivel mundial. Forma parte de la *suite Microsoft Office* y ofrece herramientas avanzadas para la redacción y edición de documentos.
- ʘ Es muy completo en funciones (formato, inserción de imágenes/tablas, referencias, etc.) y es estándar en entornos empresariales y educativos.

➲ **Google Docs:**

- ʘ Es el procesador de textos en la nube de *Google*. Funciona vía navegador web (o aplicación móvil) y permite la edición colaborativa en tiempo real, ya que varias personas pueden trabajar simultáneamente en el mismo documento.
- ʘ Guarda automáticamente los cambios en *Google Drive* y es compatible con la mayoría de los formatos (puede abrir y exportar archivos .docx, .pdf, etc.).

➲ **LibreOffice Writer:**

- ʘ Conocido simplemente como *Writer,* es la alternativa gratuita y de código abierto similar a *Word.* Viene incluido en la *suite LibreOffice* (antes *OpenOffice).*
- ʘ Ofrece muchas de las funcionalidades de *Word* (formato de texto, estilos, tablas, imágenes, etc.) y es compatible con los formatos comunes (.odt nativo, .docx de *Word,* PDF, etc.).

➲ **Otros procesadores de texto:**

- ʘ Además de los anteriores, existen otras opciones según el entorno o dispositivo. Por ejemplo, *Apple Pages* es el procesador de textos exclusivo para usuarios de *Mac, iPhone* y *iPad,* y ofrece herramientas potentes de maquetación y compatibilidad para abrir/guardar documentos de *Word.* También está *WPS Office Writer,* una opción ligera y gratuita muy similar a *Word.*
- ʘ Asimismo, hay editores en línea, como *Zoho Writer,* o *suites* ofimáticas, como *OnlyOffico,* entre otros. Estas alternativas, aunque son menos conocidas, pueden ser útiles en casos específicos (por ejemplo, cuando se busca una solución en línea distinta o algo muy liviano para equipos modestos).

2.2. Criterios para elegir la aplicación más adecuada

Al enfrentar una tarea de procesamiento de textos, es importante seleccionar la aplicación más adecuada.

A continuación, se presentan algunos factores clave a considerar:

⊃ **Colaboración en línea.** Este aspecto se refiere a la posibilidad de que varias personas editen y revisen un mismo documento de forma simultánea o compartida.

↻ *Google Docs:*

⇕ Es ideal para documentos que serán editados por varias personas en equipo o en remoto.
⇕ Permite edición simultánea, comentarios y sugerencias en tiempo real, directamente desde el navegador.
⇕ No requiere instalación ni configuración previa, lo que lo hace especialmente cómodo para la colaboración rápida.

↻ *Word:*

⇕ En sus versiones modernas *(Microsoft 365* y *Word online),* también permite la edición simultánea en línea mediante *OneDrive* o *SharePoint.*
⇕ Los cambios se guardan automáticamente y pueden verse en tiempo real si el documento está almacenado en la nube.
⇕ Permite invitar a otros usuarios con distintos niveles de acceso (lectura, comentario o edición).
⇕ En versiones más antiguas o sin conexión a *OneDrive,* la colaboración sigue un modelo tradicional, compartiendo archivos por correo o con el control de cambios activado.

↻ *Writer:*

⇕ Está diseñado principalmente para uso local *(offline).*
⇕ La colaboración se realiza compartiendo el archivo por correo o a través de plataformas externas, como *Nextcloud* o servicios de almacenamiento en la nube.
⇕ Aunque se pueden combinar revisiones con el control de cambios, no permite la edición simultánea nativa.

⊃ **Disponibilidad de internet y trabajo *offline*.** Este aspecto trata sobre si el procesador de texto puede usarse con o sin conexión a internet.

- *Word* y *Writer:*

  - Funcionan totalmente sin conexión a internet una vez instalados.
  - Son ideales para entornos con conectividad limitada o para cuando se necesita trabajar sin acceso a la red.

- *Google Docs:*

  - Ofrece un modo sin conexión, pero es necesario configurarlo previamente.
  - Aunque puede usarse *offline,* su enfoque principal es en línea, por lo que se aprovecha mejor con conexión activa.

⊃ **Funciones y complejidad de tareas.** Este aspecto alude al nivel de herramientas disponibles y a la capacidad del programa para realizar trabajos simples o profesionales.

- *Word* y *Writer:*

  - Ofrecen funciones avanzadas como:

    - Estilos personalizados
    - Índices automáticos
    - Inserción de referencias bibliográficas
    - Macros
    - Combinación de correspondencia

  - Son más adecuadas para documentos largos o con formato profesional.

- *Google Docs:*

  - Cubre las necesidades básicas: formato de texto, inserción de imágenes y creación de tablas simples.
  - Carece de algunas herramientas avanzadas y de automatización disponibles en *Word* y *Writer.*

⊃ **Compatibilidad de archivos y entorno de trabajo.** Este aspecto indica qué formatos de archivo utiliza cada programa y cómo se comportan al intercambiar documentos entre distintas plataformas.

- *Microsoft Word:*

  - Utiliza el formato .docx como estándar.

- *Google Docs:*

  - Emplea un formato propio en la nube, pero exporta fácilmente a .docx.

- *LibreOffice Writer:*

  - Usa .odt por defecto, aunque también puede abrir y guardar archivos .docx.

- **Coste y licencias.** Este aspecto se refiere a si el programa es gratuito o de pago, y al tipo de licencia que necesita para usarse legalmente.

  - *Google Docs:*

    - Es gratuito para uso personal.

  - *LibreOffice Writer:*

    - Es gratuito y de código abierto.

  - *Microsoft Word:*

    - Requiere una licencia de *Office* o una suscripción a *Microsoft 365,* aunque existe una versión web gratuita con funciones reducidas.

- **Facilidad de uso y familiaridad.** Este aspecto trata de lo intuitivo que resulta el programa para el usuario y del nivel de experiencia necesario para manejarlo con soltura.

  - *Word:*

    - Ha sido el estándar durante muchos años, y la mayoría de las personas están familiarizadas con su interfaz.
    - Puede resultar algo abrumador al principio, debido a la gran cantidad de funciones en la cinta de opciones.
    - Su integración con *OneDrive* y *Microsoft 365* facilita la colaboración sin renunciar a sus herramientas avanzadas.

  - *Writer:*

    - Es muy similar a *Word* en su aspecto tradicional, lo que facilita la adaptación.
    - Puede presentar pequeñas diferencias de interfaz o de terminología que requieran un breve periodo de aprendizaje.

➊ *Google Docs:*

- ⬍ Tiene una interfaz más sencilla y limpia.
- ⬍ No requiere instalación, ya que funciona directamente desde la web.
- ⬍ Su simplicidad puede ser una ventaja para principiantes o para quienes prefieren una experiencia más ligera.

NOTA

No hay una única respuesta correcta para qué procesador de texto usar; la decisión depende del contexto.

2.3. Elementos de la interfaz: cinta de opciones, menús y paneles

Al abrir un procesador de textos, lo primero que observamos es su **interfaz de usuario,** es decir, el conjunto de elementos visuales y zonas de trabajo que permiten interactuar con el programa. Aunque cada aplicación *(Word, Writer* o *Google Docs)* tiene su propio diseño, **todas comparten una estructura básica** pensada para facilitar la creación, edición y formato de documentos.

NOTA

Comprender estos elementos es fundamental para orientarse dentro del programa y aprovechar al máximo sus funciones. Saber dónde se encuentran las herramientas, cómo se despliegan las opciones o qué información muestra cada parte de la ventana ayuda a trabajar con mayor agilidad y precisión.

En la práctica, los procesadores de texto se organizan de forma similar: en la parte superior se concentran los **menús o cintas de opciones;** en el centro se ubica el **área de trabajo,** donde se edita el documento; y alrededor aparecen **barras, paneles y ventanas auxiliares,** que facilitan tareas complementarias como la navegación, el formato o la revisión. A continuación, se describen sus principales componentes.

Barra de menús o cinta de opciones

La barra superior del procesador de textos es el espacio donde se agrupan todos los **comandos y herramientas principales** del programa. Aunque el diseño varía según la aplicación, su función es la misma: facilitar el acceso a las distintas opciones de edición, formato e inserción de elementos en el documento.

En las versiones modernas, *Word* utiliza la **cinta de opciones,** un sistema de pestañas que organiza las funciones de manera visual y estructurada:

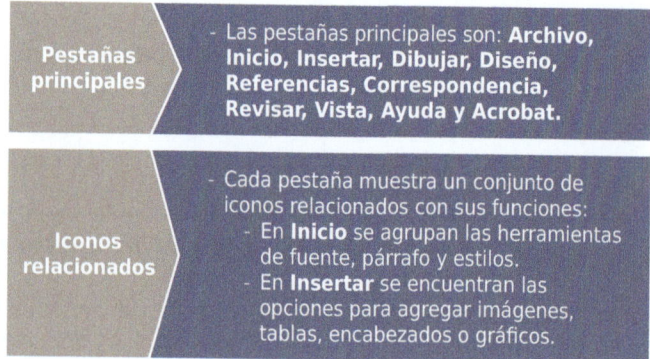

Pestañas principales
- Las pestañas principales son: **Archivo, Inicio, Insertar, Dibujar, Diseño, Referencias, Correspondencia, Revisar, Vista, Ayuda y Acrobat.**

Iconos relacionados
- Cada pestaña muestra un conjunto de iconos relacionados con sus funciones:
  - En **Inicio** se agrupan las herramientas de fuente, párrafo y estilos.
  - En **Insertar** se encuentran las opciones para agregar imágenes, tablas, encabezados o gráficos.

Este diseño facilita encontrar las herramientas sin necesidad de navegar por menús desplegables:

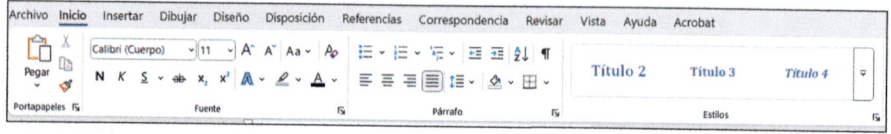

La cinta de opciones de Word organiza las herramientas en pestañas que facilitan un acceso rápido y visual a las funciones más usadas.

En *Writer* (y en versiones antiguas de *Word*) se utiliza una **barra de menús tradicional,** más clásica, pero igualmente funcional:

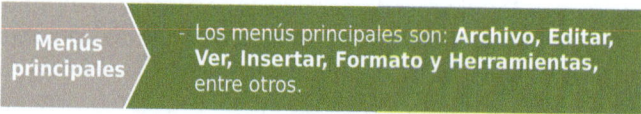

Menús principales
- Los menús principales son: **Archivo, Editar, Ver, Insertar, Formato y Herramientas,** entre otros.

Continúa en página siguiente >>

<< Viene de página anterior

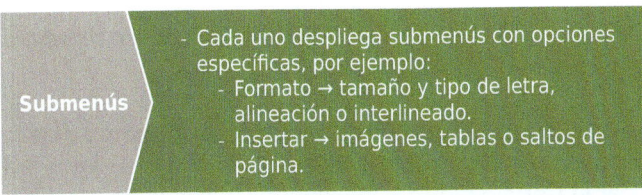

Este tipo de interfaz resulta familiar para quienes han trabajado con programas de oficina de versiones anteriores:

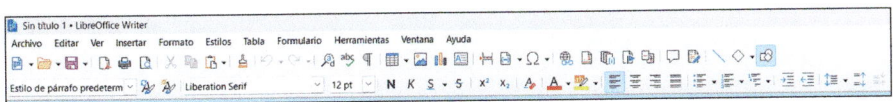

La interfaz de Writer mantiene un diseño tradicional, que favorece la familiaridad y el control manual de las herramientas.

Google Docs combina una **barra de menús sencilla** con una **barra de iconos rápida,** pensada para ofrecer una experiencia limpia y accesible desde el navegador:

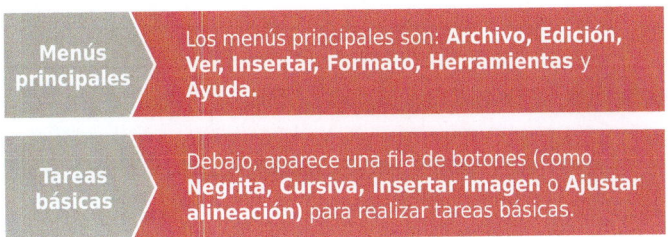

Su diseño minimalista busca priorizar **la rapidez y la simplicidad,** y resulta ideal para usuarios principiantes o para quienes prefieren una interfaz ligera sin configuraciones complejas:

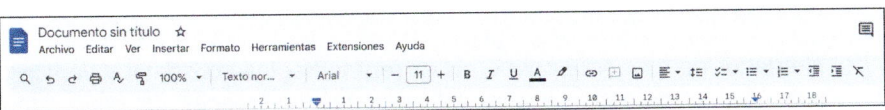

Google Docs ofrece una interfaz limpia y accesible que agiliza el trabajo colaborativo desde cualquier dispositivo conectado.

Barra de herramientas y botones rápidos

Son conjuntos de iconos que proporcionan **acceso directo** a las funciones más usadas.

Las barras de herramientas **reúnen accesos directos a las funciones más utilizadas** del procesador de textos. Su finalidad es **ahorrar tiempo y simplificar el trabajo diario,** permitiendo aplicar acciones con un solo clic sin tener que buscar las opciones dentro de los menús o pestañas.

Generalmente, estas barras contienen **iconos fácilmente reconocibles,** que representan tareas comunes. Aunque cada programa tiene su propio estilo visual, su estructura resulta muy similar, lo que facilita adaptarse al cambiar de aplicación:

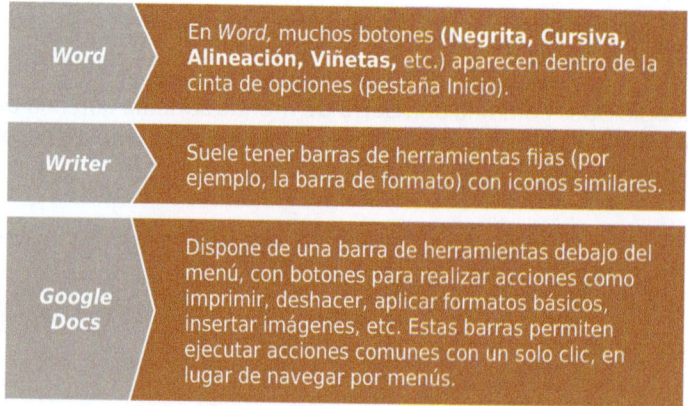

Word — En *Word,* muchos botones (**Negrita, Cursiva, Alineación, Viñetas,** etc.) aparecen dentro de la cinta de opciones (pestaña Inicio).

Writer — Suele tener barras de herramientas fijas (por ejemplo, la barra de formato) con iconos similares.

Google Docs — Dispone de una barra de herramientas debajo del menú, con botones para realizar acciones como imprimir, deshacer, aplicar formatos básicos, insertar imágenes, etc. Estas barras permiten ejecutar acciones comunes con un solo clic, en lugar de navegar por menús.

Área de trabajo (documento)

Es la zona central donde se muestra el documento que se está editando. En la mayoría de programas, se representa como una página en blanco (vista de página) con márgenes. Aquí es donde se escribe el texto y se ven reflejados los cambios de formato.

Alrededor de esta área puede haber **reglas** (reglas horizontal y vertical), que sirven para medir sangrías, tabulaciones y márgenes. También están los **deslizadores o barras de desplazamiento** a la derecha y abajo, que permiten movernos por el documento cuando tiene varias páginas o contenido que no cabe en pantalla.

El área de trabajo y la regla permiten redactar con precisión y controlar el formato del documento de forma visual.

Paneles laterales o ventanas emergentes

Los procesadores de texto incluyen diferentes **paneles y ventanas auxiliares,** que facilitan las tareas de navegación, formato y revisión.

Estos paneles permiten **acceder a funciones avanzadas sin salir del documento principal,** mejorando la organización y la productividad durante la edición:

- ➲ *Word.* Dispone del panel **Navegación,** que muestra un esquema del documento con los títulos o miniaturas de las páginas, y permite desplazarse rápidamente entre secciones:

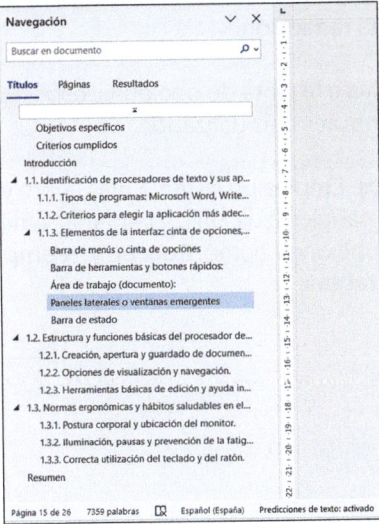

También ofrece varios paneles de tareas, como:

- ➲ **Estilos y formato,** para aplicar estilos predefinidos con un solo clic.
- ➲ **Búsqueda,** para localizar palabras o frases dentro del texto.

Estos paneles pueden activarse o cerrarse según las necesidades del usuario, optimizando así el espacio de trabajo.

- ➲ *Writer.* Cuenta con un panel lateral *(sidebar)* situado a la derecha de la pantalla. En él se agrupan diferentes categorías: **Propiedades de texto, Estilos, Galerías, Navegador** y otras funciones.

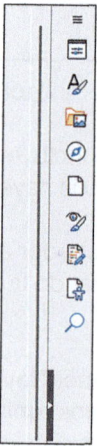

Su estructura vertical permite consultar opciones de formato y contenido sin interrumpir la redacción.

Es una alternativa a la cinta de opciones, especialmente útil para mantener a la vista los controles más utilizados.

- ➲ *Google Docs.* Emplea un sistema más ligero y minimalista.
  En lugar de paneles fijos, utiliza ventanas emergentes o cuadros de diálogo para funciones como **Buscar y reemplazar, Insertar dibujos** o **Configurar tablas:**

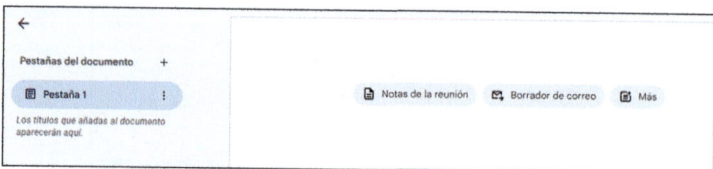

Además, dispone de una barra lateral que se activa al trabajar en colaboración, desde donde se pueden leer comentarios, responder sugerencias o abrir el chat:

Este diseño prioriza la simplicidad y la colaboración en tiempo real.

Barra de estado

La **barra de estado** es un elemento situado normalmente en la **parte inferior de la ventana** del procesador de textos. Su función es ofrecer **información en tiempo real** sobre el documento que se está editando y proporcionar **accesos rápidos** a ciertas vistas o herramientas.

Las funciones principales son las siguientes:

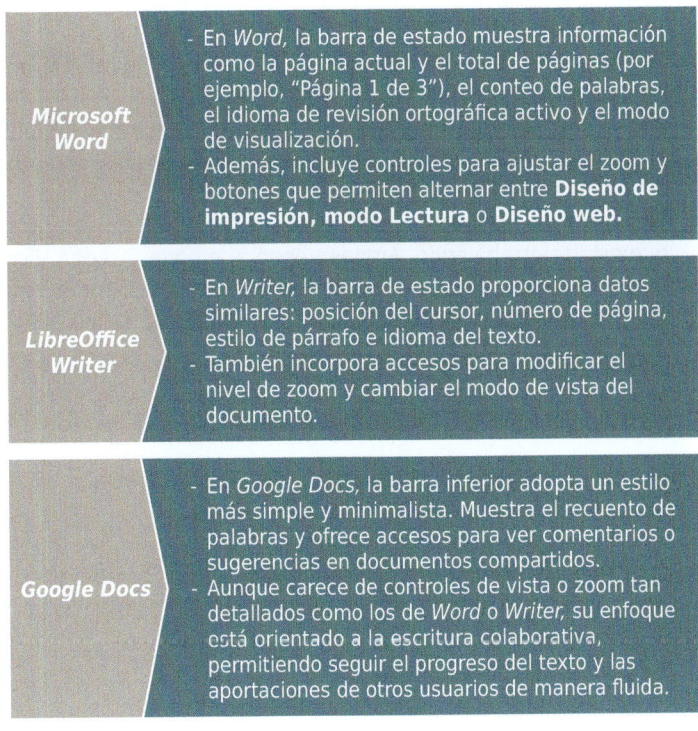

CONSEJO

A pesar de las diferencias visuales (por ejemplo, la cinta de *Word* vs. los menús tradicionales de *Writer),* las funciones básicas en todos los procesadores de texto suelen estar presentes, solo que organizadas de manera distinta. Es cuestión de familiarizarse con dónde se encuentra cada comando. Un truco útil es usar la función de búsqueda de comandos o ayuda: *Word,* por ejemplo, tiene una barra de búsqueda que dice "¿Qué desea hacer?", donde se puede escribir la acción que buscamos (como **Insertar tabla)** y el programa nos lleva directamente a esa función. *Google Docs* tiene un menú **Ayuda** donde también podemos buscar acciones o atajos de teclado.

- -

 TAREA 1

Sara trabaja en una oficina pequeña. En su primer día le asignan estas tareas:

a. Redactar una carta formal para un proveedor y guardarla en PDF con el formato corporativo oficial.
b. Rellenar un informe interno largo con tablas, numeración automática de apartados y encabezados repetidos en cada página. Este documento se archivará en el servidor local y se irá actualizando cada mes.
c. Elaborar una propuesta rápida para un cliente, junto con otra compañera que está teletrabajando. Ambas tienen que poder escribir y comentar a la vez en el mismo documento, sin enviarse versiones por correo.
d. Rellenar un formulario breve (una página) desde su portátil personal sin tener licencia de *Office* instalada.

A partir de esta información:

Indica qué procesador de texto *(Microsoft Word, LibreOffice Writer* o *Google Docs)* elegirías en cada una de las cuatro tareas.

Justifica brevemente cada elección, usando criterios como: necesidad de colaboración en línea, trabajo sin conexión, herramientas avanzadas de formato, coste/licencia, etc.

- -

3. Estructura y funciones básicas del procesador de textos

☞ **HILO CONDUCTOR**

Rocío explora la interfaz de su procesador de textos y aprende a orientarse entre las pestañas, menús y cintas de opciones. Comienza a crear, guardar y abrir documentos, mientras descubre funciones que facilitan la edición, el formato y la organización del contenido con mayor agilidad.

Todo procesador de textos —ya sea *Word, LibreOffice Writer* o *Google Docs*— combina una serie de elementos y comandos que permiten **crear, modificar, guardar y visualizar documentos** de manera eficaz.

Al comenzar a trabajar con un procesador, la persona usuaria se encuentra con una **interfaz compuesta por menús, barras y paneles** que facilitan la edición del texto. A través de ellos se accede a funciones como escribir, aplicar formato, insertar imágenes o configurar la presentación del documento.

✎ **IMPORTANTE**

Aprender la lógica común de estas herramientas permite adaptarse con facilidad a diferentes programas, ya que todos comparten una estructura similar.

Además de familiarizarse con la interfaz, resulta fundamental conocer las funciones básicas que permiten trabajar de forma fluida y segura en cualquier procesador de textos. Estas acciones constituyen la base del manejo del programa y garantizan que el trabajo se realice con eficacia:

Creación y gestión de documentos
Dominar las operaciones básicas —como crear, abrir y guardar archivos— es el primer paso para trabajar con seguridad y evitar pérdidas de información.

Continúa en página siguiente >>

<< *Viene de página anterior*

Visualización y navegación
Conocer las distintas opciones de vista y desplazamiento permite moverse cómodamente por documentos largos y revisar el contenido de manera ordenada.

Edición y ayuda integrada
Utilizar las herramientas de edición y asistencia facilita corregir errores, mejorar el formato y resolver dudas en cualquier momento del trabajo.

3.1. Creación, apertura y guardado de documentos

Una de las primeras habilidades que necesitamos para manejar un procesador de textos es manejar adecuadamente los documentos: cómo se **crean,** se **guardan** y se **abren.**

Estas son operaciones esenciales en cualquier procesador de textos:

- **Crear un documento nuevo:**
  - En *Microsoft Word,* al abrir el programa aparece la opción **Nuevo documento en blanco** (o se puede ir al menú **Archivo → Nuevo**).
  - En *Writer* ocurre algo similar (menú **Archivo → Nuevo → Documento de texto**).
  - En *Google Docs* basta con acceder a la página de *Docs* y hacer clic en **Blank** (en blanco) o usar el botón + para crear un nuevo documento.

Algunos programas ofrecen plantillas prediseñadas (por ejemplo, plantillas de cartas, currículums, etc.), además del documento en blanco; el usuario puede elegir una si necesita un formato inicial:

Las plantillas de Word facilitan comenzar un documento con un diseño profesional adaptado a cada necesidad.

➲ Guardar el documento:

- ⟳ En *Word* y en *Writer,* la primera vez que se guarda un documento se debe ir a **Archivo → Guardar** (o **Guardar como**)**,** luego elegir la ubicación (por ejemplo, la carpeta Documentos en el ordenador o una unidad externa) y asignar un nombre de archivo. Por defecto, *Word* guarda en formato .docx (documento de *Word)* y *Writer* en .odt (documento de texto *OpenDocument),* aunque ambos permiten guardar en otros formatos si se desea.
- ⟳ En *Google Docs,* por el contrario, no existe un botón **Guardar,** ya que el sistema guarda automáticamente cada cambio en la nube casi en tiempo real. Al crear un documento nuevo en *Google Docs,* inicialmente se llamará "Documento sin título". Haciendo clic en ese título, es posible renombrarlo.

➲ Abrir un documento existente:

- ⟳ En *Word:* **Archivo → Abrir,** y se navega hasta la carpeta donde está el .docx (o .doc, .pdf, etc.); en *Writer:* **Archivo → Abrir,** de igual forma.
- ⟳ En *Google Docs,* para abrir un documento existente se entra a *Google Drive* o a la página principal de *Docs,* donde aparecen los documentos recientes, y se selecciona el deseado.
- ⟳ Los procesadores de texto actuales permiten abrir archivos entre sí, aunque al convertir documentos (por ejemplo, de *Word* a *Google Docs)* pueden aparecer pequeñas variaciones en el formato.

NOTA

Crear un documento es tan sencillo como realizar unos pocos clics, pero organizarse para guardarlo y abrirlo correctamente es clave. Es importante asegurarse de nombrar los archivos de forma clara (por ejemplo, "Carta_presupuesto_ClienteX.docx"), guardarlos en carpetas ordenadas, y verificar el formato en que los guarda si va a compartirlos. Así evitará pérdidas de información y confusiones al trabajar con múltiples documentos.

3.2. Opciones de visualización y navegación

Un procesador de textos moderno ofrece diversas opciones para **visualizar** el documento y para **desplazarse** a través de él, adaptándose a nuestras preferencias o necesidades de edición.

A continuación, se presentan las principales opciones que ayudan a personalizar la forma de ver y recorrer un documento, mejorando la eficiencia y la experiencia de uso.

Modos de vista

El modo de vista determina cómo se muestra el documento en pantalla, es decir, la forma de presentación visual del texto mientras se trabaja con él.

No cambia el contenido, solo la apariencia y el entorno de trabajo.

Las vistas de *Word* facilitan la lectura, la edición o la maquetación del texto de manera más cómoda:

⟳ **Diseño de impresión.** Es la vista predeterminada, y la más utilizada:

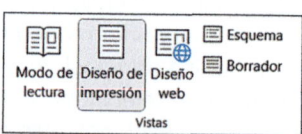

Muestra el documento tal como se verá al imprimirlo: con márgenes, saltos de página, encabezados, pies y gráficos en su posición exacta.

Resulta ideal para redactar, revisar el formato y maquetar documentos.
⮕ **Modo de lectura.** Presenta el texto en formato de páginas enfrentadas o columnas grandes, optimizadas para una lectura cómoda en pantalla:

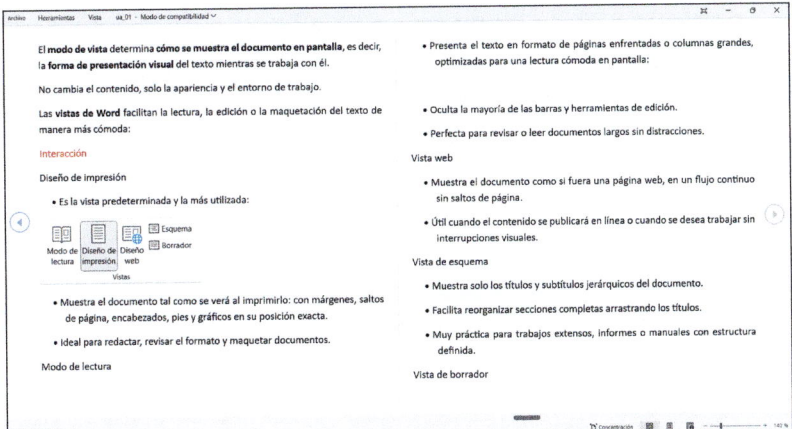

Oculta la mayoría de las barras y herramientas de edición.
Es perfecta para revisar o leer documentos largos sin distracciones.
⮕ **Vista Diseño web.** Muestra el documento como si fuera una página web, en un flujo continuo sin saltos de página:

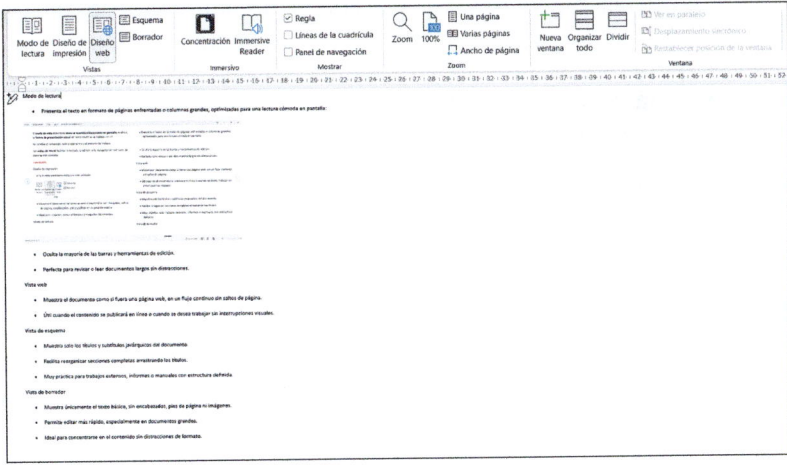

Es útil cuando el contenido se publicará en línea o cuando se desea trabajar sin interrupciones visuales.

- **Vista Esquema.** Muestra solo los títulos y los subtítulos jerárquicos del documento:

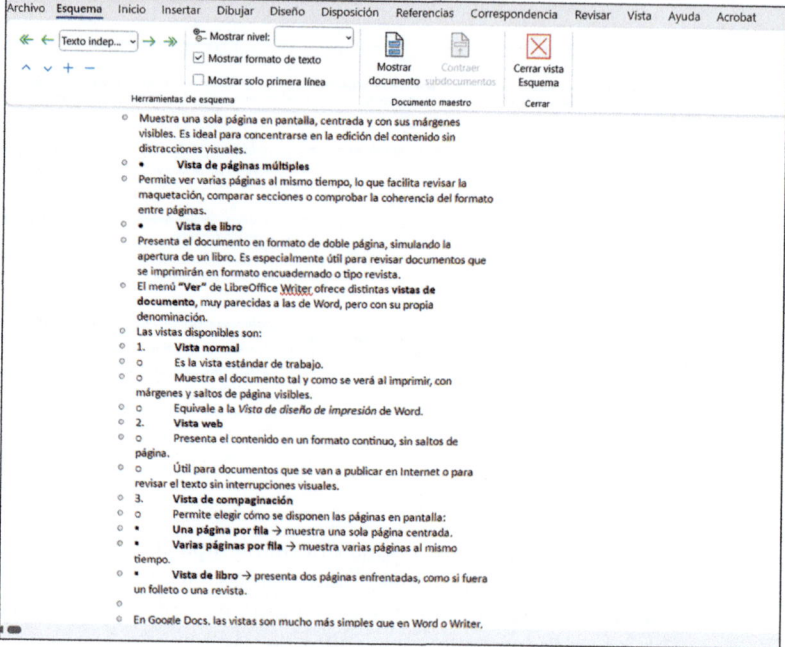

Facilita reorganizar secciones completas arrastrando los títulos.

Es muy práctica para trabajos extensos, informes o manuales con estructura definida.

- **Vista Borrador.** Muestra únicamente el texto básico, sin encabezados, pies de página ni imágenes:

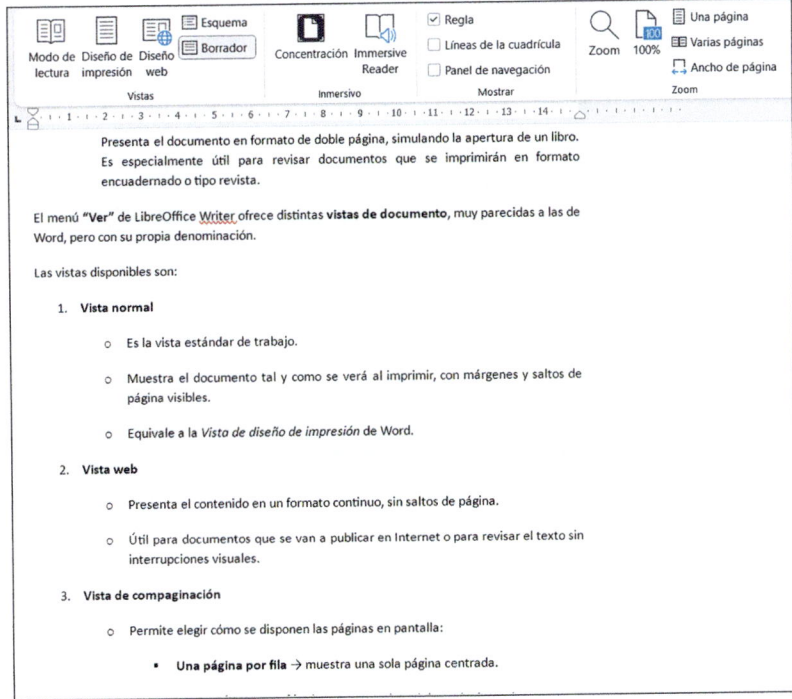

Permite editar más rápido, especialmente en documentos grandes.
Es ideal para concentrarse en el contenido sin distracciones de formato.

Las vistas de *LibreOffice Writer* ayudan a trabajar con mayor comodidad según el tipo de tarea: redacción, revisión o diseño del texto.

Las principales son:

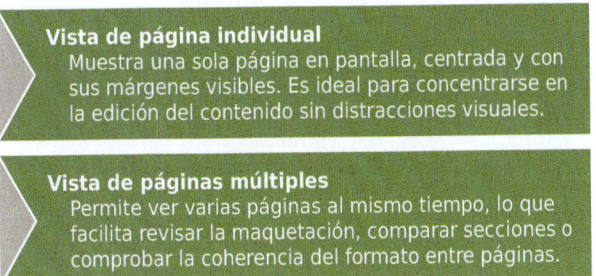

Vista de página individual
Muestra una sola página en pantalla, centrada y con sus márgenes visibles. Es ideal para concentrarse en la edición del contenido sin distracciones visuales.

Vista de páginas múltiples
Permite ver varias páginas al mismo tiempo, lo que facilita revisar la maquetación, comparar secciones o comprobar la coherencia del formato entre páginas.

Continúa en página siguiente >>

<< Viene de página anterior

Vista de libro
Presenta el documento en formato de doble página, simulando la apertura de un libro. Es especialmente útil para revisar documentos que se imprimirán en formato encuadernado o tipo revista.

Por otra parte, el menú **Ver** de *LibreOffice Writer* ofrece distintas opciones de documento:

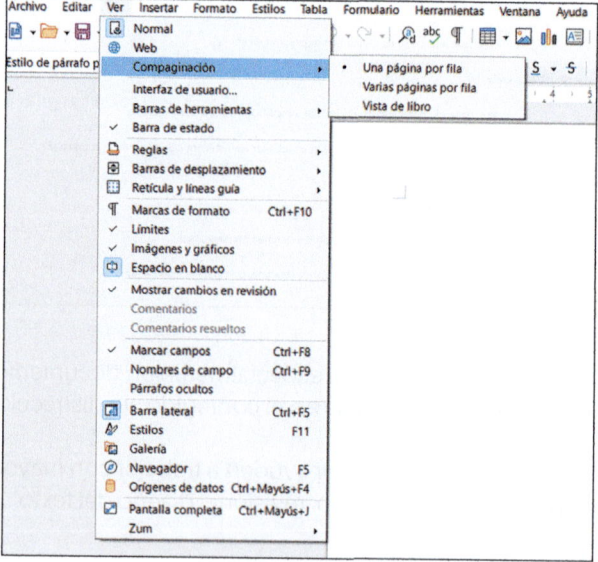

Las vistas disponibles en el menú **Ver** son:

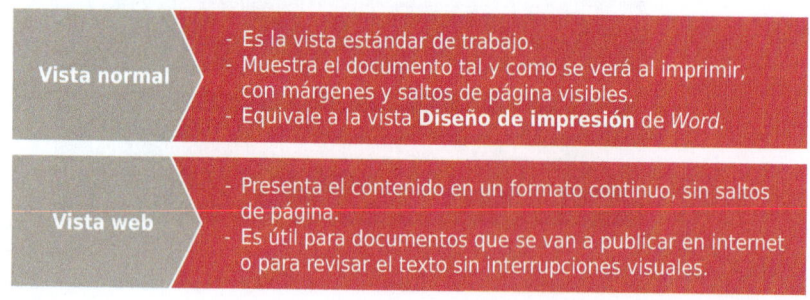

Vista normal
- Es la vista estándar de trabajo.
- Muestra el documento tal y como se verá al imprimir, con márgenes y saltos de página visibles.
- Equivale a la vista **Diseño de impresión** de *Word*.

Vista web
- Presenta el contenido en un formato continuo, sin saltos de página.
- Es útil para documentos que se van a publicar en internet o para revisar el texto sin interrupciones visuales.

Continúa en página siguiente >>

<< Viene de página anterior

Vista de compaginación	- Permite elegir la disposición de las páginas en pantalla: - Una página por fila → muestra una sola página centrada. - Varias páginas por fila → muestra varias páginas al mismo tiempo. - Vista de libro → presenta dos páginas enfrentadas, como si fuera un folleto o una revista.

En *Google Docs,* las vistas son mucho más simples que en *Word* o *Writer,* pero, igualmente, permiten adaptar la visualización del documento según la tarea.

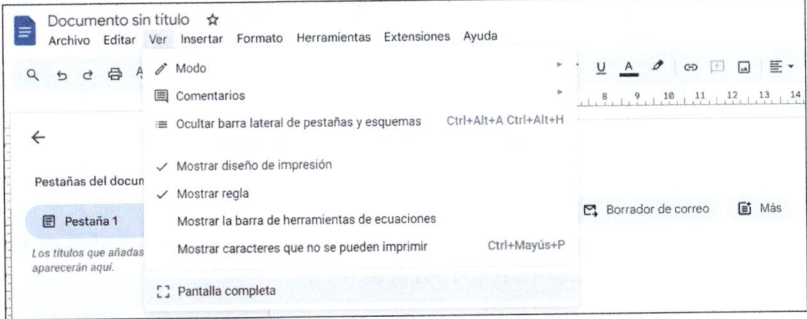

En el menú **Ver,** se agrupan las opciones que permiten cambiar cómo se muestra el documento en pantalla, sin modificar su contenido:

Diseño de impresión	- Es la opción seleccionada por defecto. - Muestra el documento con márgenes, saltos de página, encabezados y pies de página. - Es ideal para revisar el formato y la disposición final del texto. - Se activa o desactiva desde **Ver → Mostrar diseño de impresión.**
Sin paginación	- Al desmarcar **Mostrar diseño de impresión,** el texto se presenta en un flujo continuo, sin cortes entre páginas. - Permite trabajar más cómodamente en pantallas pequeñas o al redactar colaborativamente.

Continúa en página siguiente >>

<< Viene de página anterior

Pantalla completa	- Oculta los menús y barras de herramientas, dejando solo visible el área del documento. - Facilita la concentración, al escribir o leer sin distracciones. - Se activa desde **Ver → Pantalla completa** (y se desactiva con la tecla [Esc]).

Los **modos de trabajo** en *Google Docs* determinan cómo interactúa el usuario con el documento, es decir, qué tipo de acciones puede realizar:

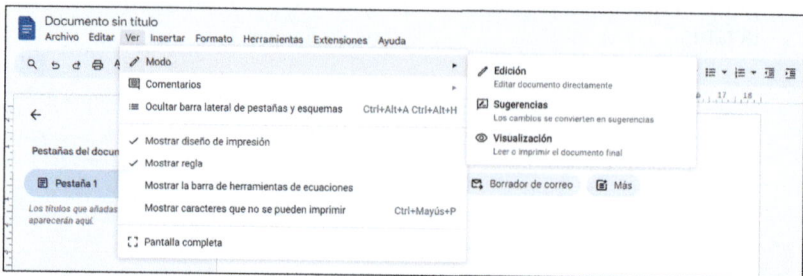

No afectan a la apariencia del documento (como las vistas), sino en **la forma en la que se colabora o se revisa el texto:**

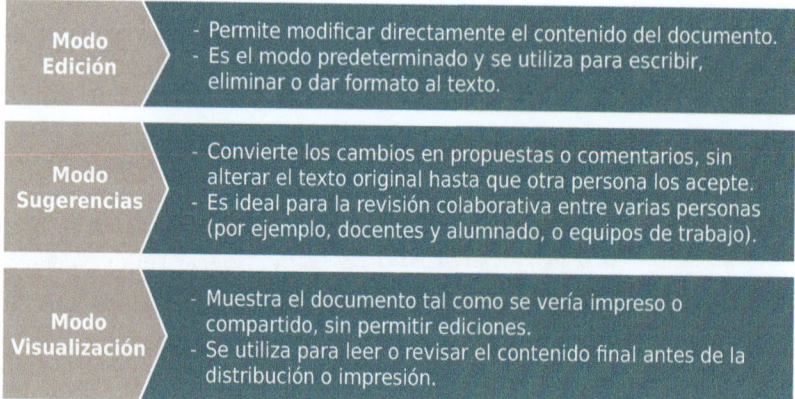

Modo Edición	- Permite modificar directamente el contenido del documento. - Es el modo predeterminado y se utiliza para escribir, eliminar o dar formato al texto.
Modo Sugerencias	- Convierte los cambios en propuestas o comentarios, sin alterar el texto original hasta que otra persona los acepte. - Es ideal para la revisión colaborativa entre varias personas (por ejemplo, docentes y alumnado, o equipos de trabajo).
Modo Visualización	- Muestra el documento tal como se vería impreso o compartido, sin permitir ediciones. - Se utiliza para leer o revisar el contenido final antes de la distribución o impresión.

Zoom

Otra herramienta útil es el *zoom,* que permite acercar o alejar la vista del documento. En la barra de herramientas o estado suele haber controles de *zoom* (por ejemplo, en *Word,* abajo a la derecha hay un deslizador de porcentaje).

El *zoom* controla el **nivel de acercamiento o alejamiento** del documento en pantalla. No modifica el tamaño real del texto ni el formato, solo **ajusta la escala visual** con la que se observa el contenido:

Funciones principales
- Ampliar *(zoom in):* permite revisar el texto con más detalle. Por ejemplo, al 150 %, las letras se ven más grandes, lo que facilita la lectura o la corrección.
- Reducir *(zoom out):* ofrece una vista general del documento. Por ejemplo, al 50 %, pueden verse dos páginas en pantalla para revisar la maquetación.
- Comodidad visual: ajustar el *zoom* ayuda a reducir la fatiga visual y mejora la precisión al editar.

Disponibilidad según el programa
- *Microsoft Word* y *LibreOffice Writer* cuentan con un control deslizante de *zoom* en la parte inferior derecha de la ventana.
- *Google Docs* ofrece un menú desplegable de *zoom* **(100 %, 75 %, 50 %, Ajustar,** etc.) dentro del menú **Ver.**

Desplazamiento y navegación

En documentos cortos es fácil moverse simplemente con la rueda del ratón o con las barras de desplazamiento; pero, cuando los documentos son más largos, conviene conocer herramientas de navegación.

Una básica es la función **Buscar** ([Ctrl] + [B] o [Ctrl] + [F] en muchos programas): abre un pequeño cuadro donde introducimos una palabra o frase, y nos lleva a cada ocurrencia en el texto, facilitando saltar a secciones relevantes.

Word y *Writer* tienen, además, opciones de **Ir a...** (por número de página, por un título específico, etc.).

Otra herramienta poderosa es el panel **Navegación** o **Índice:**

⊃ **Word.** En *Word,* al activar el panel **Navegación** (generalmente en la pestaña **Vista),** se muestra una lista de todos los títulos y subtítulos del documento; haciendo clic en uno de ellos, se salta directamente a esa página:

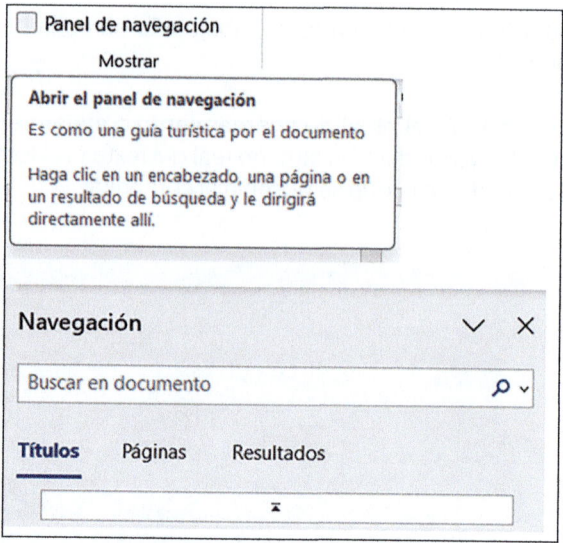

⊃ **Writer.** Ofrece el **Navegador** (F5), que permite no solo ver los encabezados, sino también otros elementos (tablas, imágenes, notas) y saltar
entre ellos:

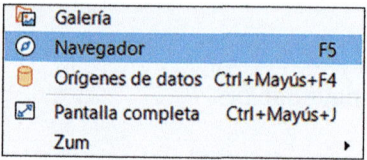

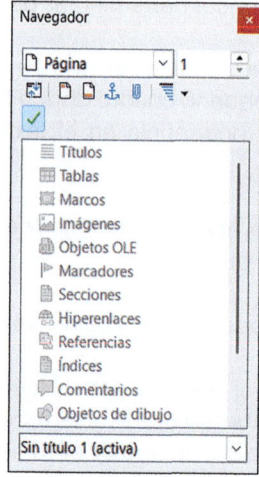

○ *Google Docs.* Tiene una función similar, llamada **Pestañas del documento,** que aparece a la izquierda con la lista de encabezados si el documento los tiene configurados:

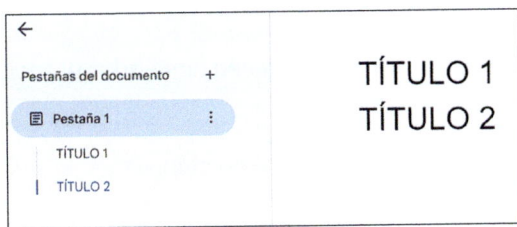

Por último, no olvidemos los atajos de teclado para desplazamiento:

Función	Word	Writer	Google Docs
Nuevo documento	[Ctrl] + [N]	[Ctrl] + [N]	[Ctrl] + [N]
Abrir documento	[Ctrl] + [A]	[Ctrl] + [O]	[Ctrl] + [O]
Guardar	[Ctrl] + [G]	[Ctrl] + [S]	Automático
Copiar / Cortar / Pegar	[Ctrl] + [C] / [X] / [V]	Igual	Igual
Negrita / Cursiva / Subrayado	[Ctrl] + [B] / [I] / [U]	Igual	Igual
Buscar	[Ctrl] + [F]	[Ctrl] + [F]	[Ctrl] + [F]
Deshacer / Rehacer	[Ctrl] + [Z] / [Y]	[Ctrl] + [Z] / [Y]	[Ctrl] + [Z] / [Y]

NOTA

Con estas opciones de visualización y navegación, es posible revisar y editar documentos de muchas páginas sin perderse ni fatigarse, utilizando la vista y las herramientas más convenientes según la tarea.

3.3. Herramientas básicas de edición y ayuda integrada

Una vez dominamos cómo crear y abrir documentos, el siguiente paso es aprender a **editar el contenido** eficientemente y conocer dónde obtener ayuda si surge alguna duda.

Los procesadores de texto ofrecen comandos esenciales para modificar el texto de manera rápida.

Entre las acciones más habituales están:

- **Opciones esenciales de edición.** Acciones básicas para modificar el texto rápidamente:

  - Seleccionar: antes de aplicar cualquier cambio o formato, selecciona el texto con el ratón o el teclado:

    - Palabra → doble clic
    - Línea→ triple clic
    - Todo el documento → [Ctrl] + [E]

  - Copiar, cortar y pegar: permiten duplicar, mover o insertar texto en otra parte del documento sin volver a escribirlo.
  - Deshacer y rehacer: sirven para revertir o restaurar acciones realizadas durante la edición. Si se elimina algo por error, se puede revertir fácilmente.

- **Formato del texto.** En la pestaña **Inicio** *(Word)*, la barra de formato *(Writer)* o el menú superior *(Google Docs)* se encuentran las herramientas básicas de formato:

  - Negrita → resalta palabras clave.
  - Cursiva → destaca términos o citas.
  - Subrayado → enfatiza partes del texto.
  - Fuente y tamaño → ajustan el estilo tipográfico.
  - Color del texto → da énfasis visual.
  - Alineación de párrafos → izquierda, centrado, derecha o justificado.
  - Listas → para crear listas con viñetas o numeración.

- **Corrector ortográfico y gramatical.** Los tres programas *(Word, Writer* y *Google Docs)* incluyen revisión automática:

  - Subrayan en rojo palabras desconocidas.
  - Subrayan en azul o verde posibles errores gramaticales.

⮑ **Buscar y reemplazar.** Permite localizar y cambiar palabras o frases en todo el documento.

Durante el uso de un procesador de textos, es habitual que surjan dudas sobre cómo realizar determinadas acciones, como insertar un salto de página, contar palabras o aplicar un formato específico.

Para resolverlas, todos los programas incluyen algún tipo de **sistema de ayuda integrado:**

Microsoft Word	Se puede presionar [F1] para abrir el menú **Ayuda** de *Office*, que permite buscar temas concretos en la documentación oficial. En versiones recientes, también está la caja de búsqueda **Dime qué quieres hacer,** donde se puede escribir en lenguaje natural la acción deseada, y *Word* muestra la función correspondiente.
Google Docs	Dispone de un menú **Ayuda,** que enlaza con el centro de asistencia en línea de *Google*, con artículos detallados sobre todas sus funciones. Además, ofrece una búsqueda rápida de comandos mediante [Alt] + [/], útil para encontrar opciones dentro de los menús.
LibreOffice Writer	Cuenta con un menú **Ayuda** que incluye manuales, y con la opción de pulsar [F1] para abrir la guía local o en línea, según la configuración del programa.

 PARA SABER MÁS

Además de la ayuda integrada, siempre se pueden consultar tutoriales, foros o vídeos en internet, donde la comunidad de usuarios comparte soluciones y consejos. Con la práctica, muchas acciones se vuelven intuitivas, pero, al principio, estos recursos son un apoyo esencial para familiarizarse con el programa y aprovechar todas sus funciones.

Continúa en página siguiente >>

<< Viene de página anterior

Por ejemplo, el sitio web de ayuda y aprendizaje de *Microsoft Word* ofrece recursos para aprender a usar *Word,* resolver dudas y acceder a tutoriales organizados por temas:

https://redirectoronline.com/3001030101

 ACTIVIDAD COMPLEMENTARIA

1. Analiza cómo se utilizará un procesador de textos (como *Word, LibreOffice Writer* o *Google Docs)* para crear y gestionar documentos, moverte por ellos y editarlos con eficacia. Reflexionarás sobre qué funciones consideras básicas para poder trabajar con seguridad y autonomía desde el primer día.

   a. ¿Por qué es importante dominar las funciones básicas de creación, apertura y guardado de documentos antes de empezar a trabajar de forma habitual con un procesador de textos?

   b. ¿Qué herramientas de visualización, navegación y edición (por ejemplo: vistas del documento, panel de navegación, *zoom,* copiar/pegar, formato de texto, corrector ortográfico…) te resultan más útiles para trabajar con documentos largos y por qué?

4. Normas ergonómicas y hábitos saludables en el trabajo con textos

☞ HILO CONDUCTOR

Tras varios días de práctica, Rocío pasa muchas horas frente al ordenador y empieza a notar molestias en la espalda y en la vista. Decide mejorar su postura, ajustar la altura del monitor y realizar pausas periódicas, aplicando las normas ergonómicas que le permiten trabajar con comodidad y prevenir la fatiga.

Las **normas ergonómicas y los hábitos saludables** son un conjunto de recomendaciones que ayudan a trabajar de forma cómoda, segura y sin dañar el cuerpo, especialmente cuando pasamos muchas horas frente al ordenador.

En otras palabras, la **ergonomía** estudia cómo adaptar el entorno de trabajo a las personas —y no al revés—, para evitar lesiones, fatiga o problemas musculares.

4.1. Postura corporal y ubicación del monitor

Trabajar con el ordenador durante horas exige mantener una **postura correcta,** ya que una posición inadecuada puede causar dolores musculares y problemas a largo plazo.

A continuación, se presentan las recomendaciones clave para la postura y la colocación del monitor:

Espalda recta y apoyo lumbar
- Siéntate con la espalda bien apoyada en el respaldo de la silla, que idealmente debe ser ergonómica.
- Los hombros deben estar relajados (no encogidos hacia las orejas) y la zona lumbar (parte baja de la espalda) debe estar en contacto con el respaldo; se puede usar un cojín o soporte lumbar si la silla no lo ofrece.
- Mantener la espalda recta previene dolores en la columna y tensiones en cuello y hombros.

Continúa en página siguiente >>

<< Viene de página anterior

Altura de la silla y posición de las piernas
- Ajusta la silla de manera que los pies queden planos sobre el suelo (o en un reposapiés si no alcanzan) y las rodillas formen un ángulo aproximado de 90°.
- Las piernas y los muslos deberían quedar paralelos al suelo.
- Una altura correcta evita la presión excesiva en la parte posterior de las rodillas y favorece la circulación.

Posición del monitor
- La pantalla debe ubicarse frente a ti, no de lado, para evitar giros constantes del cuello. La altura es crucial: la parte superior de la pantalla ha de quedar a la altura de tus ojos o ligeramente por debajo, de modo que mires un poco hacia abajo de forma natural. Esto ayuda a que el cuello esté en una posición neutra.
- Si el monitor está demasiado bajo (como suele pasar con portátiles), conviene elevarlo poniendo la *laptop* sobre un soporte o libros, o regulando la altura del monitor externo, hasta alcanzar ese nivel.
- La distancia recomendada entre tus ojos y la pantalla es de unos 50 a 65 cm (aproximadamente la longitud de un brazo). A esa distancia se lee cómodamente y no forzamos la vista. Asimismo, es bueno inclinar un poco la pantalla (entre 10° y 20° hacia atrás) para reducir reflejos y obtener un ángulo de visión adecuado.

Distribución del mobiliario y accesorios
- Mantén el teclado alineado con la pantalla y directamente frente a ti, para que al teclear no tengas que girar el tronco.
- El ratón debe colocarse al lado del teclado, a una distancia cómoda, evitando estirarte demasiado para alcanzarlo.
- Si trabajas con documentos en papel además de la pantalla, usa un atril o un portadocumentos al lado del monitor para colocar esos papeles a una altura similar a la de la pantalla; esto impide tener que inclinar excesivamente la cabeza hacia abajo cada vez que consultas el papel, y reduce la tensión cervical.

4.2. Iluminación, pausas y prevención de la fatiga visual

Además de la postura, el **entorno visual** y los descansos regulares son aspectos esenciales para trabajar saludablemente con textos en la pantalla.

He aquí las principales recomendaciones en cuanto a iluminación y pausas:

↪ **Iluminación adecuada:**

↻ Es importante contar con una buena iluminación en el área de trabajo. Lo ideal es la luz natural indirecta, complementada con luz artificial si es necesario.

◔ La pantalla del ordenador no debe ser ni la única fuente intensa de luz en la habitación (trabajar a oscuras con el monitor puede fatigar mucho la vista) ni estar expuesta a reflejos fuertes.

◔ La iluminación general debe ser uniforme y suficiente para leer documentos en papel sin esfuerzo. Si hay fluorescentes o lámparas, se debe procurar que no generen reflejos en la pantalla; a veces ayuda usar filtros antirreflejos en el monitor o simplemente una cortina translúcida en la ventana para tamizar la luz del sol.

◔ También es recomendable ajustar el brillo y contraste de la pantalla a niveles cómodos: ni muy brillante (que canse a la vista en una habitación oscura) ni muy opaco (forzando la vista en ambiente claro).

◔ Asimismo, conviene usar un tamaño de fuente adecuado en los documentos para no forzar la lectura.

➲ **Pausas y descanso visual:**

◔ Incluso con buena postura e iluminación, los ojos y los músculos necesitan pausas periódicas.

◔ Permanecer horas mirando de cerca la pantalla puede causar fatiga visual (ojos secos, visión borrosa temporal, dolor de cabeza) y estar sentado mucho tiempo sin moverse contribuye a la rigidez muscular.

◔ Por ello, se recomienda seguir la regla aproximada de descansar 5-10 minutos por cada hora de trabajo continuo. En esos descansos, lo ideal es levantarse, estirar las piernas, cambiar de postura y enfocar la vista en otras cosas lejanas.

◔ Una técnica popular para los ojos es la 20-20-20: cada 20 minutos, apartar la mirada de la pantalla durante unos 20 segundos y enfocar algo a 20 pies (unos 6 metros) de distancia. Esto relaja el músculo ciliar del ojo y reduce la fatiga de estar constantemente enfocado en la corta distancia.

◔ También es recomendable alternar tareas para variar la exigencia: quizá después de pasar 2 horas escribiendo texto, se puede cambiar a una actividad que implique moverse o hacer una llamada, antes de volver a otra sesión frente al ordenador.

◔ Adicionalmente, mantener una buena hidratación (beber agua) y tener el aire acondicionado a una temperatura confortable (ni muy seco ni muy frío) ayuda a que las condiciones sean saludables.

◔ En cuanto a las pausas largas, es beneficioso hacer pequeñas pausas activas: estirar cuello, brazos, muñecas, girar suavemente la cabeza de lado a lado, caminar un minuto... Esto mejora la circulación y despeja la mente, aumentando la productividad cuando se retoma el trabajo.

4.3. Correcta utilización del teclado y del ratón

El teclado y el ratón son herramientas indispensables para interactuar con el procesador de textos, pero un uso prolongado o inadecuado de estos dispositivos puede provocar molestias en las manos, las muñecas y los brazos (como tendinitis o síndrome del túnel carpiano).

Por eso, es fundamental usarlos con la técnica correcta y con las configuraciones adecuadas:

⮥ **Posición de las muñecas y brazos al teclear:**

- Al escribir, las muñecas deben mantenerse lo más rectas posible, en línea con los antebrazos, evitando doblarlas hacia arriba o hacia abajo. Para lograr esto, coloca el teclado a una altura similar a la de tus codos cuando estés sentado correctamente.
- Muchas mesas estándar tienen ~70 cm de alto; si es muy alta para ti, ajusta la silla o usa un reposamuñecas delante del teclado para apoyar las muñecas de forma neutra durante las pausas de tecleo.
- Es preferible no inclinar hacia arriba el teclado usando las patitas traseras que suelen traer, ya que esa inclinación obliga a doblar las muñecas hacia arriba; es mejor dejarlo plano sobre la mesa.
- Los codos deben estar cerca del cuerpo, formando aproximadamente un ángulo de 90-100°, y los antebrazos deben mantenerse apoyados, ya sea en los reposabrazos de la silla (si están a la altura adecuada) o sobre la mesa en momentos puntuales de descanso, para no tenerlos en el aire todo el tiempo. Los hombros, como vimos, deben estar relajados.

⮥ **Técnica de tecleo suave:**

- Escribir en un teclado moderno no requiere gran fuerza; conviene habituarse a pulsar las teclas con suavidad, usando las yemas de los dedos y manteniendo las manos relajadas.
- Golpear las teclas con exceso de fuerza no solo es innecesario, sino que puede provocar tensión en los tendones con el tiempo, además de hacer más ruido.
- Si notas que para ti ciertas teclas requieren mucha presión, podría ser señal de un teclado envejecido o de membrana dura; en tal caso, valorar un teclado externo de mejor respuesta táctil puede mejorar la comodidad.

Uso eficaz del ratón:

- En cuanto al ratón, agárralo de forma ligera, sin apretar en exceso con los dedos. La mano debe posarse relajada sobre él.
- Para mover el cursor, trata de usar principalmente el brazo (hombro/codo) para los desplazamientos grandes en vez de solo la muñeca; esto distribuye el esfuerzo en grupos musculares más grandes.
- Ajusta la sensibilidad del cursor en la configuración si sientes que tienes que desplazar mucho el ratón físicamente para moverlo en pantalla (una sensibilidad más alta permite mover el puntero por toda la pantalla con movimientos pequeños, reduciendo la excursión de la muñeca).
- Mantén el ratón cerca del teclado para no tener que estirar el brazo al usarlo; una mala práctica sería colocarlo muy lejos a la derecha, obligando a una extensión continua del brazo.
- Si usas mucho el ratón, considera alternar la mano (usar la izquierda a ratos, si eres capaz, para repartir la carga, configurando el ratón para zurdos temporalmente) o incorporar atajos de teclado que reduzcan la dependencia del ratón.

Ergonomía de los periféricos:

- Existen en el mercado teclados ergonómicos (con formas onduladas o partidas) y ratones verticales u otros diseños pensados para reducir la tensión. No son imprescindibles para todo el mundo, pero, si alguien sufre ya molestias, podrían ayudar.
- En cualquier caso, un teclado estándar bien usado funciona perfectamente: asegúrate de que las teclas tienen buen retorno y no están demasiado juntas o son demasiado pequeñas (los teclados de portátil, por ejemplo, a veces son más incómodos para largas sesiones).
- En caso de usar un portátil, suele ser beneficioso usar un teclado y un ratón externos cuando trabajes en escritorio durante mucho tiempo; así puedes colocar la pantalla a la altura adecuada (como vimos) y situar teclado y el ratón libremente en la posición óptima.
- Por último, recuerda descansar las manos: cada cierto tiempo, quita las manos del teclado y muévelas, estira los dedos, haz círculos con las muñecas en el aire. Estos microdescansos ayudan a recuperar la circulación y a evitar entumecimientos.

NOTA

La aplicación de medidas ergonómicas adecuadas permite eliminar las molestias en las muñecas, que pueden aparecer con el uso continuado del teclado y del ratón. Estas acciones se vuelven más naturales y menos forzadas, facilitando la concentración en el contenido de los documentos sin distracciones físicas. Combinadas con una postura corporal correcta y con pausas periódicas, las buenas prácticas de higiene postural y ergonómica en el manejo del teclado y del ratón favorecen un entorno de trabajo más saludable y eficiente.

ACTIVIDAD 1

Beatriz trabaja redactando documentos durante toda la mañana. Suele mantener la cabeza inclinada hacia adelante, el monitor está más bajo que la altura de sus ojos, y rara vez se levanta de la silla. Al finalizar la jornada, nota dolor cervical y sequedad ocular.

Según las normas ergonómicas y los hábitos saludables vistos en este epígrafe, ¿qué conjunto de medidas la ayudarían a mejorar su confort y a prevenir la fatiga?

5. Resumen

Los procesadores de texto son programas que permiten crear, editar, dar formato, guardar e imprimir documentos digitales. Entre los más utilizados están *Microsoft Word, LibreOffice Writer* y *Google Docs,* que se diferencian por su coste, modo de uso (local o en línea), funciones avanzadas y posibilidad de trabajo colaborativo. Elegir uno u otro depende de factores como la necesidad de conexión a internet, la complejidad del documento o el tipo de colaboración requerida. Todos comparten una estructura similar:

> Barra de menús o cinta de opciones

Continúa en página siguiente >>

<< Viene de página anterior

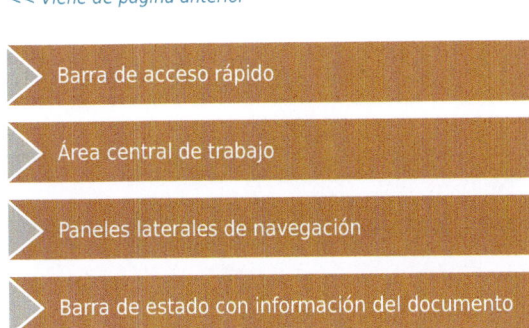

Las funciones básicas incluyen crear nuevos archivos, guardarlos correctamente, abrir documentos existentes, aplicar formato al texto, insertar elementos, corregir errores ortográficos y desplazarse por documentos extensos mediante vistas, *zoom* y búsquedas.

El uso prolongado del ordenador exige aplicar normas ergonómicas que favorezcan la salud y la productividad. Se recomienda:

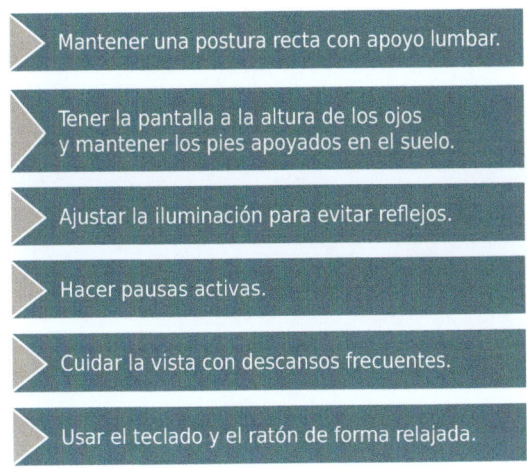

Adoptar estos hábitos previene la fatiga visual y muscular y mejora la comodidad durante la jornada laboral.

Ejercicios de autoevaluación
Unidad de Aprendizaje 1

1. **¿Cuál de las siguientes afirmaciones describe mejor la función de un procesador de textos?**

   a. Es un programa para diseñar presentaciones animadas.
   b. Es una herramienta que permite crear, editar y dar formato a documentos digitales.
   c. Sirve exclusivamente para enviar correos electrónicos.
   d. Se utiliza solo para gestionar hojas de cálculo.

2. **¿Qué ventaja ofrece *Google Docs* frente a otros procesadores como *Word* o *Writer*?**

   a. No permite trabajar sin conexión.
   b. No admite colaboración simultánea.
   c. Permite editar documentos en línea con varias personas al mismo tiempo.
   d. Solo funciona en ordenadores con licencia de *Microsoft 365*.

3. **¿Qué procesador de textos es gratuito, de código abierto y compatible con el formato .docx?**

   a. *Apple Pages*
   b. *LibreOffice Writer*
   c. *Microsoft Word*
   d. *Zoho Writer*

4. **¿Qué opción de vista en *Microsoft Word* muestra el documento tal como se imprimirá, con márgenes y saltos de página?**

   a. Vista Web
   b. Vista Esquema
   c. Diseño de impresión
   d. Vista Borrador

5. En *Google Docs,* ¿qué modo permite realizar sugerencias sin modificar el texto original?

    a. Modo Edición
    b. Modo Sugerencias
    c. Modo Visualización
    d. Modo *Offline*

6. ¿Cuál de los siguientes elementos forma parte de la interfaz principal de un procesador de textos?

    a. Panel de diapositivas
    b. Barra de fórmulas
    c. Cinta de opciones o barra de menús
    d. Línea de tiempo

7. ¿Qué buena práctica ergonómica es recomendable al trabajar con el ordenador?

    a. Apoyar los pies colgando.
    b. Mantener la pantalla muy por debajo de los ojos.
    c. Sentarse con la espalda recta, los pies apoyados y la pantalla a la altura de los ojos.
    d. Trabajar con la luz apagada para ver mejor la pantalla.

8. Indica si las siguientes oraciones son verdaderas o falsas:

    a. *Microsoft Word, Google Docs* y *LibreOffice Writer* comparten funciones básicas, como creación, guardado y formato de textos.

        ■ Verdadero
        ■ Falso

    b. Solo los programas de pago permiten insertar tablas e imágenes en un documento".

        ■ Verdadero
        ■ Falso

   c. Las herramientas de formato ayudan a dar al documento un aspecto profesional y coherente.

     ■ Verdadero
     ■ Falso

9. Indica si las siguientes oraciones son verdaderas o falsas:

   a. Las vistas del documento permiten cambiar la visualización del texto, sin modificar su contenido.

     ■ Verdadero
     ■ Falso

   b. El panel de navegación facilita moverse por títulos y secciones en documentos largos.

     ■ Verdadero
     ■ Falso

   c. El *zoom* cambia el tamaño real del texto dentro del archivo.

     ■ Verdadero
     ■ Falso

10. Indica si las siguientes oraciones son verdaderas o falsas:

   a. Mantener el teclado plano y las muñecas rectas reduce la tensión durante la escritura.

     ■ Verdadero
     ■ Falso

   b. La técnica de 20-20-20 ayuda a prevenir la fatiga visual al mirar pantallas.

     ■ Verdadero
     ■ Falso

c. Los descansos y las pausas activas no influyen en la productividad.

- Verdadero
- Falso

Aplicación de formatos en los procesadores de textos. Edición de textos

Contenido

OBJETIVOS

Los objetivos específicos de esta Unidad de Aprendizaje son:

→ Aplicar distintos formatos de fuente, párrafo y página a un documento.

→ Utilizar estilos y plantillas predefinidos para uniformar el aspecto del texto.

→ Editar documentos realizando inserciones, eliminaciones y reemplazos de texto.

→ Corregir errores ortográficos y gramaticales mediante las herramientas del procesador.

→ Mantener la ergonomía y la organización del entorno durante la edición.

1. Introducción

Una vez dominadas las funciones básicas del procesador de textos, llega el momento de aprender a dar forma y estilo profesional a los documentos. Aplicar formatos correctamente mejora la estética, la legibilidad y la organización del contenido.

En esta unidad aprenderemos a utilizar las herramientas de formato de caracteres, párrafos y páginas, así como a editar y revisar textos de manera eficiente. Veremos cómo los estilos, las plantillas y las funciones automáticas de corrección facilitan un trabajo más limpio y coherente, especialmente cuando se manejan documentos largos o compartidos. Además, recordaremos la importancia de mantener una postura ergonómica adecuada y un entorno de trabajo ordenado, ya que la comodidad física influye directamente en la concentración y la calidad del resultado.

A lo largo de la unidad seguiremos a Rocío, que ahora debe preparar varios documentos oficiales para su empresa y quiere que todos mantengan un aspecto uniforme y profesional. Descubrirá cómo usar estilos, aplicar formatos coherentes y corregir errores con rapidez, sin descuidar su bienestar mientras trabaja frente al ordenador.

2. Formato de caracteres, párrafos y páginas

👉 HILO CONDUCTOR

Rocío ha terminado un informe, pero el texto se ve desordenado. Aprende a aplicar formatos de fuente, párrafo y página para darle una presentación limpia y profesional. Con pequeños ajustes —como el tamaño, la alineación o los márgenes— consigue que el documento resulte más claro y agradable a la vista.

Dar formato a un documento significa **definir su apariencia visual:** cómo se ven las letras, los párrafos y las páginas. Aunque no modifica el contenido, **mejora su legibilidad, el orden y su aspecto general,** algo esencial en cualquier trabajo administrativo, informe o comunicación formal.

En todos los procesadores de texto —*Microsoft Word, LibreOffice Writer* o *Google Docs*— las opciones de formato están organizadas de forma similar, generalmente en la pestaña o menú **Inicio** o **Formato.** Desde allí se controlan tres niveles de presentación:

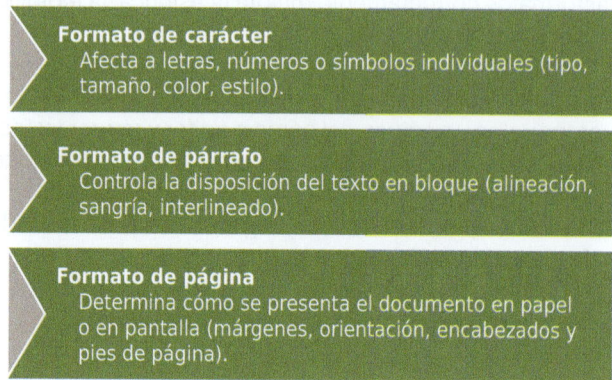

Formato de carácter
Afecta a letras, números o símbolos individuales (tipo, tamaño, color, estilo).

Formato de párrafo
Controla la disposición del texto en bloque (alineación, sangría, interlineado).

Formato de página
Determina cómo se presenta el documento en papel o en pantalla (márgenes, orientación, encabezados y pies de página).

Aprender a combinar estos tres niveles permite crear documentos más atractivos, organizados y fáciles de leer.

2.1. Cambios de tipo, de tamaño y de color de fuente

El formato de fuente define la **apariencia del texto.** Cambiar el tipo o el tamaño de la letra ayuda a jerarquizar la información: títulos más grandes, subtítulos intermedios y texto base uniforme.

⊃ **En *Word*.** Se accede desde la pestaña **Inicio → Fuente.** Los principales componentes que se pueden personalizar aquí son:

○ Tipografía. Cambiar la tipografía permite adaptar el estilo visual del documento:

● Tamaño. El tamaño de fuente influye en la presentación y en la claridad del texto:

● Color. Los colores de fuente ayudan a resaltar información dentro del documento:

◑ Efectos como negrita, cursiva o subrayado. Los estilos de texto permiten destacar palabras o frases importantes:

N *K* <u>S</u>

◑ Cuadro de diálogo **Fuente** ([Ctrl] + [M]). El cuadro de diálogo de fuente ofrece un control completo sobre el formato del texto:

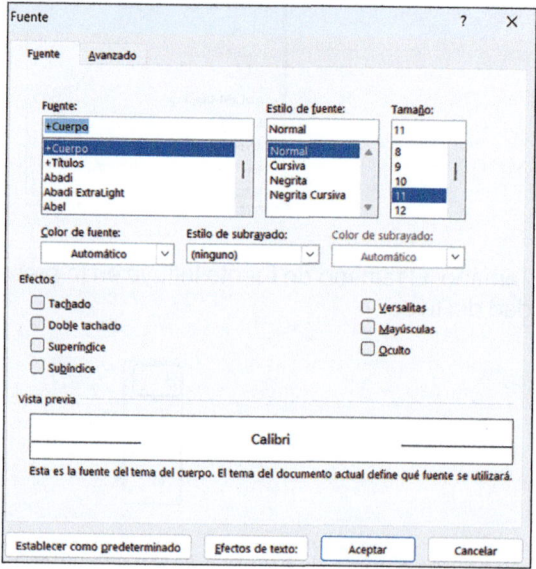

➲ **En *Writer*.** Las opciones se encuentran en el menú **Formato → Carácter**, o en la barra de herramientas.

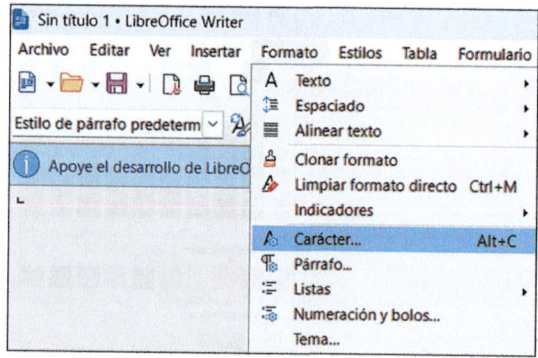

En *LibreOffice Writer,* el cuadro de diálogo **Carácter** permite definir la fuente y su formato. Destaca porque permite configurar estilos tipográficos personalizados y guardar combinaciones de formato para aplicarlas después:

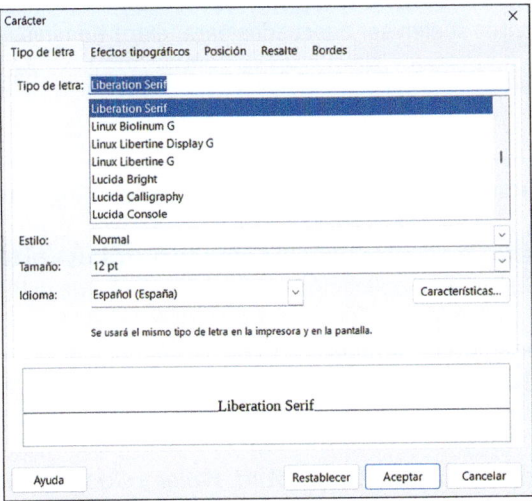

● **En *Google Docs.*** El formato de fuente está en la barra superior. *Google Docs* ofrece una barra de formato sencilla para personalizar el texto:

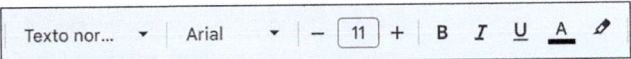

Aunque tiene menos efectos visuales, es muy ágil y permite usar fuentes adicionales desde **Más fuentes:**

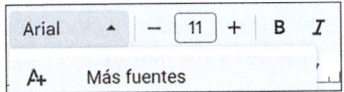

Además, los cambios se aplican en tiempo real y se sincronizan automáticamente si se trabaja en equipo.

CONSEJO

Conviene usar solo una o dos tipografías por documento, y evitar colores o efectos excesivos que dificulten la lectura. Una fuente clara y un tamaño de 11 o 12 puntos suelen ser adecuados para textos administrativos.

2.2. Alineaciones, sangrías, interlineado y márgenes

El formato de párrafo controla **cómo se distribuye el texto dentro de la página.** Su correcta aplicación facilita la lectura y da estructura al documento.

La **alineación** determina cómo se distribuye el texto respecto a los márgenes del documento. Es un elemento esencial del formato de párrafo porque influye directamente en la **legibilidad y la apariencia visual** del texto.

Los procesadores de texto *(Word, Writer* y *Google Docs)* ofrecen **cuatro tipos principales de alineación:**

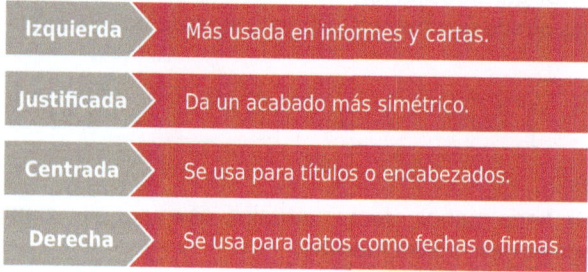

Izquierda	Más usada en informes y cartas.
Justificada	Da un acabado más simétrico.
Centrada	Se usa para títulos o encabezados.
Derecha	Se usa para datos como fechas o firmas.

En los tres programas *(Word, Writer* y *Docs)* las opciones de alineación se encuentran en la barra de herramientas.

IMPORTANTE

Elegir la alineación adecuada depende del tipo de documento y de la intención comunicativa.

CONSEJO

En un documento formal conviene combinar las alineaciones según la función del texto. Por ejemplo, el título puede ir centrado, la fecha a la derecha y el cuerpo del texto justificado o a la izquierda.

Las **sangrías** sirven para **desplazar el inicio de una línea o párrafo** respecto al margen, creando una estructura visual que facilita la lectura. Son especialmente útiles para separar bloques de texto, citar fragmentos o indicar el inicio de un nuevo párrafo en informes o documentos largos.

Existen varios tipos de sangría:

Sangría de primera línea
Solo la primera línea del párrafo se desplaza hacia la derecha. Se usa habitualmente para marcar el inicio de párrafos en textos extensos.

Sangría francesa
Todas las líneas del párrafo se desplazan, excepto la primera. Es muy común en bibliografías, índices o listados de referencias.

Sangría izquierda o derecha
Desplazan todo el bloque de texto hacia dentro desde el margen correspondiente; resultan útiles para resaltar citas o apartados específicos.

En *Word, Writer* y *Google Docs* la sangría puede ajustarse directamente desde la **regla horizontal,** moviendo los marcadores azules.

También puede configurarse mediante un menú:

En Word | Inicio → Párrafo → Sangría.

Continúa en página siguiente >>

<< *Viene de página anterior*

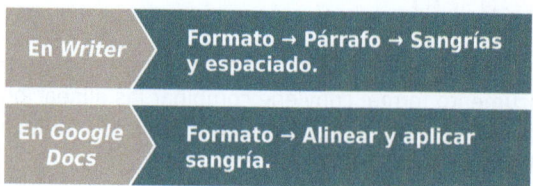

El **interlineado** es el **espacio vertical entre las líneas de un mismo párrafo.** Su correcta elección influye directamente en la **legibilidad y la presentación del texto.** Un interlineado muy estrecho puede hacer que el texto se vea apelmazado, mientras que uno demasiado amplio puede dar sensación de desorden o de desperdicio de espacio.

En la práctica, se suele usar:

- **Interlineado simple (1,0).** Útil para documentos breves o textos compactos, como formularios o listados.
- **Interlineado de 1,15 o 1,5.** Favorece la lectura y la revisión, por lo que se recomienda en informes, trabajos académicos o textos administrativos.
- **Interlineado doble (2,0).** Habitual en borradores o documentos que requieren anotaciones manuales o revisión impresa.

En los tres principales procesadores de texto —*Word, Writer* y *Google Docs*— el interlineado se ajusta fácilmente desde sus menús de formato o desde la barra de herramientas:

- ***Word.*** En *Word,* se ajusta desde la pestaña Inicio → Párrafo → Interlineado y espaciado:

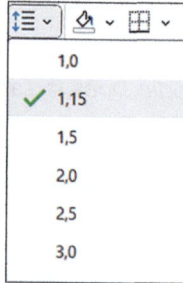

También se puede abrir el cuadro de diálogo **Párrafo** para definir el valor exacto.

⮕ *Writer.* En *Writer,* se ajusta en **Formato → Párrafo → Interlineado,** donde se puede elegir **Sencillo, 1,5 renglones o Doble,** entre otras opciones:

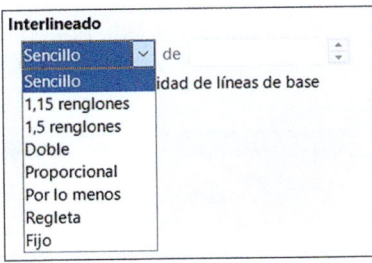

⮕ ***Docs.*** En *Google Docs,* se modifica desde **Formato → Interlineado y espaciado entre párrafos.** Allí es posible elegir valores predefinidos o definir uno personalizado:

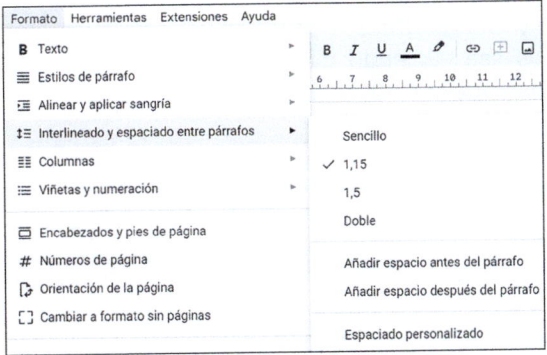

 EJEMPLO

Un documento corporativo o una carta formal suelen emplear un interlineado 1,15 o 1,5 para equilibrar claridad y espacio. En cambio, un listado de datos o un inventario pueden presentarse con interlineado simple para optimizar el espacio en la página.

Los **márgenes** delimitan el espacio entre el texto y los bordes del papel o de la hoja digital. Son esenciales para garantizar que el documento se vea equilibrado y que el contenido no quede demasiado cerca del borde o se pierda al imprimirlo.

Un margen estándar en documentos administrativos suele ser de **2,5 cm** en los cuatro lados. Sin embargo, este puede modificarse según el tipo de trabajo:

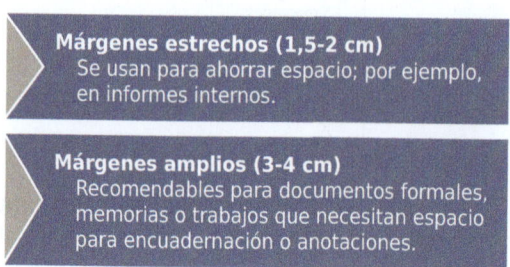

Márgenes estrechos (1,5-2 cm)
Se usan para ahorrar espacio; por ejemplo, en informes internos.

Márgenes amplios (3-4 cm)
Recomendables para documentos formales, memorias o trabajos que necesitan espacio para encuadernación o anotaciones.

Los tres procesadores de texto más utilizados —*Microsoft Word, LibreOffice Writer* y *Google Docs*— permiten modificar los márgenes de forma rápida, ya sea eligiendo plantillas predefinidas o introduciendo medidas personalizadas:

➲ **En *Microsoft Word*.** Los márgenes se configuran desde la pestaña **Disposición → Márgenes:**

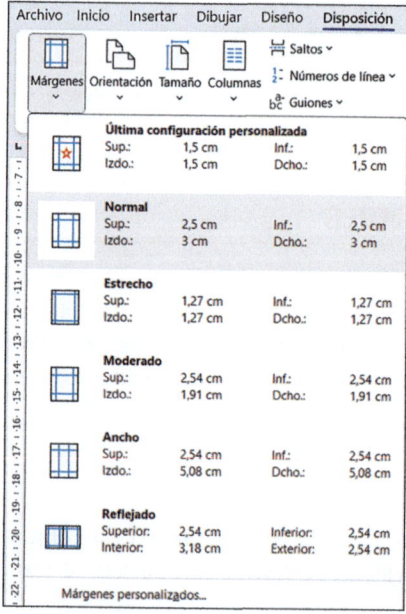

El programa ofrece varias opciones predefinidas, como **Normal, Estrecho,
Moderado, Ancho** o **Reflejado** (este último es útil para documentos que se
encuadernan).

Si se requiere una medida específica, se puede seleccionar **Márgenes personalizados** y definir valores exactos para los lados superior, inferior, iz-
quierdo y derecho.

➲ **En *LibreOffice Writer*.** Los márgenes se modifican desde **Formato** →
Estilo de página → **Márgenes:**

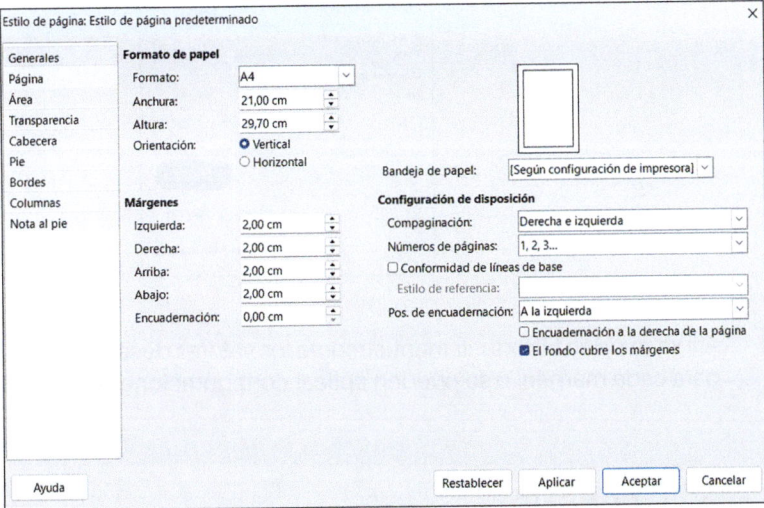

El cuadro de configuración permite introducir valores numéricos precisos
para cada lado y seleccionar la unidad de medida (centímetros, milímetros
o pulgadas).

⊃ **En *Google Docs.*** Los márgenes se configuran desde **Archivo → Configuración de página:**

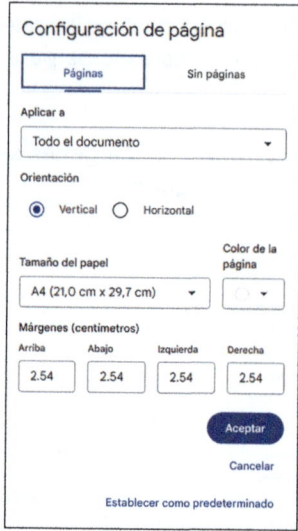

Allí se pueden introducir manualmente los valores deseados en centímetros para cada margen, o se pueden aplicar configuraciones predefinidas.

 **CONSEJO**

Mantener márgenes simétricos mejora la presentación visual y evita problemas de recorte al imprimir o exportar a PDF.

2.3. Encabezados, pies de página y numeración

Los encabezados y los pies de página son áreas especiales situadas, respectivamente, en la parte **superior e inferior de cada hoja** del documento. Su función es contener **información repetida o contextual** que acompaña al contenido principal, aportando **uniformidad, orden y referencia** a lo largo del texto.

Estas secciones suelen incluir elementos como:

Su correcta configuración facilita la **orientación del lector** en documentos extensos —como informes, manuales o memorias— y permite identificar rápidamente cada página sin necesidad de encabezados dentro del cuerpo del texto.

Esto aporta uniformidad y facilita la lectura en informes extensos:

➲ **En *Microsoft Word.*** Se accede desde Insertar → Encabezado y pie de página:

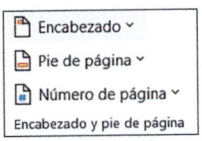

Word ofrece varios diseños predeterminados, pero también permite personalizar completamente el contenido: añadir texto, imágenes, logotipos o números de página automáticos.

➲ **En *LibreOffice Writer.*** Las opciones están en **Insertar → Cabecera y pie:**

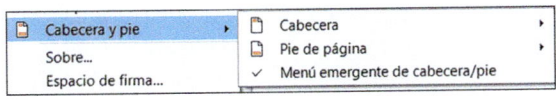

Writer permite aplicar encabezados distintos según el estilo de página, lo que resulta útil si se desea un formato diferente para la portada, los capítulos o los anexos.

● **En *Google Docs.*** Se insertan desde **Insertar → Elementos de página:**

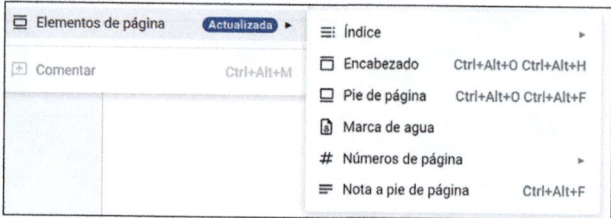

Es posible definir si aparecen solo a partir de la segunda página o en todas, y también ajustar su posición.

 CONSEJO

Los encabezados y los pies deben ser discretos. Lo ideal es incluir solo la información necesaria (nombre de la empresa, título abreviado o número de página), sin distraer del contenido principal.

La numeración puede configurarse desde Insertar → Número de página, o desde Formato→ Numeración, según el programa.

Permite elegir la posición (superior, inferior, derecha, izquierda o centrada) y el formato (1, 2, 3... / I, II, III... / A, B, C...).

Algunos programas permiten iniciar la numeración desde una página diferente, lo cual resulta práctico cuando la primera hoja es una portada o un índice.

 NOTA

Si el documento es largo o colaborativo (por ejemplo, en *Google Docs),* la numeración automática facilita el seguimiento de versiones y comentarios.

TAREA 2

Imagina que trabajas como auxiliar administrativo y que debes preparar un informe para presentar en una reunión del departamento. El contenido está redactado, pero el documento se ve desordenado y poco legible.

Tu tarea consiste en darle formato al texto para que tenga una presentación profesional y clara.

El archivo original contiene este texto sin formato:

informe mensual de resultados

en el presente documento se recogen los principales datos de gestión del mes, así como las observaciones generales del equipo. la información se utilizará para la toma de decisiones y la planificación del siguiente trimestre.

agradecemos la colaboración de todos los departamentos implicados.

Crea un nuevo documento en el procesador de texto que utilices *(Word, Writer o Google Docs)* y copia el texto anterior.

Aplica formato de caracteres:

- Cambia la fuente del documento a Calibri o Arial.
- Define el tamaño del texto principal en 12 pt y el título en 16 pt.
- Pon el título en negrita y color azul oscuro, y centra su alineación.

Aplica formato de párrafo:

- Justifica el texto de los párrafos.
- Establece un interlineado de 1,5 líneas.
- Añade una sangría de primera línea de 1,25 cm en el primer párrafo.
- Deja un espacio posterior de 6 puntos entre párrafos.

Aplica formato de página:

- Configura los márgenes a 2,5 cm en todos los lados.
- Inserta un encabezado con el texto: "Informe mensual – Departamento de Administración".
- Inserta un pie de página con el número de página centrado.
- Guarda el documento con el nombre "Informe_formato_profesional.docx" o similar.

3. Edición básica y avanzada de textos

☞ HILO CONDUCTOR

Rocío necesita actualizar varios documentos antiguos y descubre las herramientas de edición y corrección automática del procesador de textos. Gracias a ellas puede copiar, reemplazar y revisar contenido de forma rápida, manteniendo todos los archivos con un estilo uniforme.

La edición de textos consiste en **modificar, actualizar o reorganizar la información existente** sin tener que volver a escribirla desde cero. Estas funciones permiten ahorrar tiempo, mantener la coherencia de estilo y corregir errores de manera sencilla.

Los tres procesadores de texto —*Microsoft Word, LibreOffice Writer* y *Google Docs*— ofrecen herramientas muy similares de **copiado, pegado, búsqueda, reemplazo y corrección,** accesibles desde los menús **Inicio** o **Editar,** o mediante combinaciones de teclas.

 NOTA

Editar correctamente demuestra dominio técnico y atención al detalle.

3.1. Copiar, cortar, pegar y reemplazar contenido

Estas son las funciones más básicas y más usadas en la edición de textos. Permiten **mover o duplicar fragmentos** sin reescribirlos.

Se detallan a continuación:

Copiar [Ctrl] + [C]
Duplica el texto seleccionado sin eliminarlo del lugar original.

Continúa en página siguiente >>

<< Viene de página anterior

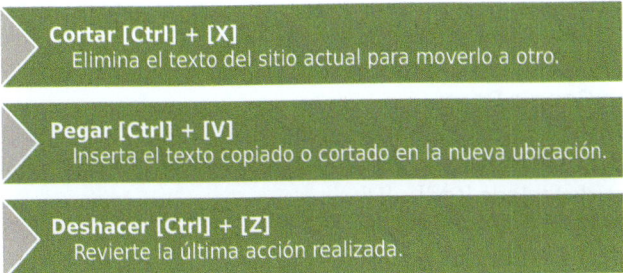

Cortar [Ctrl] + [X]
Elimina el texto del sitio actual para moverlo a otro.

Pegar [Ctrl] + [V]
Inserta el texto copiado o cortado en la nueva ubicación.

Deshacer [Ctrl] + [Z]
Revierte la última acción realizada.

Estas combinaciones son idénticas en *Word, Writer* y *Google Docs,* lo que facilita pasar de un programa a otro sin dificultad.

La herramienta **buscar y reemplazar** es una de las funciones más útiles de los procesadores de texto, especialmente cuando se trabaja con documentos extensos. Permite **localizar una palabra, frase o símbolo y sustituirla por otro contenido de manera automática,** sin tener que revisar manualmente cada aparición.

El acceso a la herramienta en cada programa se realiza a través de las siguientes acciones:

➲ **En *Microsoft Word:***

◑ Se encuentra en la pestaña **Inicio → Reemplazar,** o mediante el atajo de teclado [Ctrl] + [L].
◑ Al abrir el cuadro de diálogo, se introducen en los campos correspondientes las palabras o frases que se desea buscar y las que las reemplazarán.
◑ *Word* permite usar opciones avanzadas, como distinguir mayúsculas y minúsculas, buscar solo palabras completas o emplear caracteres comodín para localizar variaciones.
◑ También se puede revisar una a una cada coincidencia antes de reemplazarla, lo que ayuda a evitar errores involuntarios.

➲ **En *LibreOffice Writer:***

◑ Se accede desde **Editar → Buscar y reemplazar,** o mediante el atajo de teclado [Ctrl] + [Alt] + [B].
◑ *Writer* ofrece una interfaz muy similar, con la ventaja de que incluye búsqueda por formato, es decir, se pueden reemplazar no solo palabras, sino también estilos de texto (por ejemplo, cambiar todo el texto en cursiva por texto en negrita).

◑ Además, cuenta con la opción **Expresiones regulares,** que permite búsquedas más complejas y precisas, muy útiles en textos técnicos o bases de datos.

⮕ **En *Google Docs:***

◑ Se encuentra en **Editar → Buscar y reemplazar,** o mediante el atajo de teclado [Ctrl] + [H].

◑ Al igual que en los otros programas, muestra un cuadro de búsqueda con las opciones **Buscar siguiente** y **Reemplazar.**

 **EJEMPLO**

En un contrato donde aparece varias veces el nombre Empresa X, ese texto se puede reemplazar automáticamente por Servicios Globales S. L. El procesador recorrerá todo el documento y hará los cambios en segundos, evitando errores humanos.

3.2. Uso de correctores automáticos y revisión ortográfica

Durante la redacción o edición de un documento, es habitual cometer pequeños errores tipográficos, de concordancia o de puntuación. Para evitar que estos pasen inadvertidos, los procesadores de texto incluyen **herramientas de revisión ortográfica y gramatical,** que analizan automáticamente el texto y ofrecen sugerencias de corrección en tiempo real.

Estas herramientas comparan las palabras escritas con los diccionarios integrados del programa y detectan cualquier término que no coincida. Los posibles errores se **subrayan con líneas de color** para llamar la atención de la persona usuaria:

Subrayado rojo: indica errores ortográficos o palabras desconocidas.

Subrayado azul: señala errores gramaticales, de concordancia o de puntuación.

Al hacer clic derecho sobre la palabra marcada, se despliegan las **sugerencias de corrección** y se puede elegir la más adecuada, ignorar el aviso o añadir la palabra al diccionario personal si es correcta (por ejemplo, nombres propios, marcas o siglas):

➲ En *Microsoft Word:*

- ⟲ Las palabras mal escritas aparecen subrayadas en rojo, y los errores gramaticales o de estilo aparecen subrayados en azul.
- ⟲ Estas funciones se pueden activar o desactivar desde **Archivo → Opciones → Revisión.**
- ⟲ *Word* dispone del botón **Ortografía y gramática,** que revisa el documento completo de forma secuencial y ofrece explicaciones sobre cada sugerencia.
- ⟲ Además, permite definir el idioma del texto (por ejemplo, español de España o español de México), algo útil en documentos multilingües.
- ⟲ El programa guarda un diccionario personal, donde se pueden añadir palabras propias para que no se marquen como error en futuras revisiones.

➲ En *LibreOffice Writer:*

- ⟲ La revisión ortográfica se ejecuta desde **Herramientas → Ortografía,** o pulsando la tecla [F7].
- ⟲ *Writer* permite seleccionar el idioma del documento o de un fragmento concreto, lo que evita errores en textos bilingües.
- ⟲ También ofrece la opción de añadir palabras al diccionario personalizado, lo cual resulta muy útil para términos técnicos o nombres propios.

➲ En *Google Docs:*

- ⟲ La corrección es automática y en tiempo real: los errores aparecen subrayados mientras se escribe y, al hacer clic sobre ellos, se muestran sugerencias.
- ⟲ Para realizar una revisión completa, se puede acceder a **Herramientas → Ortografía y gramática.**
- ⟲ *Google Docs* destaca por su sistema inteligente de corrección contextual, que aprende de los patrones más comunes y ofrece sugerencias de escritura más naturales.
- ⟲ Además, guarda automáticamente todas las correcciones en la nube, evitando la pérdida de cambios.

Además de los correctores visibles, los procesadores de texto incluyen una función de **autocorrección** que modifica automáticamente los errores más comunes en el momento de escribir. Por ejemplo, si se teclea "qe", el programa lo sustituye inmediatamente por "que", o convierte "lunes" en "Lunes" cuando aparece al inicio de una frase.

 CONSEJO

Aunque estas herramientas son muy útiles, no sustituyen la revisión humana. Es importante leer el documento final para asegurar la coherencia y el tono del texto.

3.3. Aplicación de estilos y temas predeterminados

Los estilos son **conjuntos de formatos predefinidos** que combinan tipo y tamaño de letra, color, espaciado e interlineado.

Usarlos permite **mantener la coherencia visual** en documentos extensos sin tener que aplicar manualmente cada formato:

➲ **En *Word*.** Los estilos se encuentran en **Inicio → Estilos:**

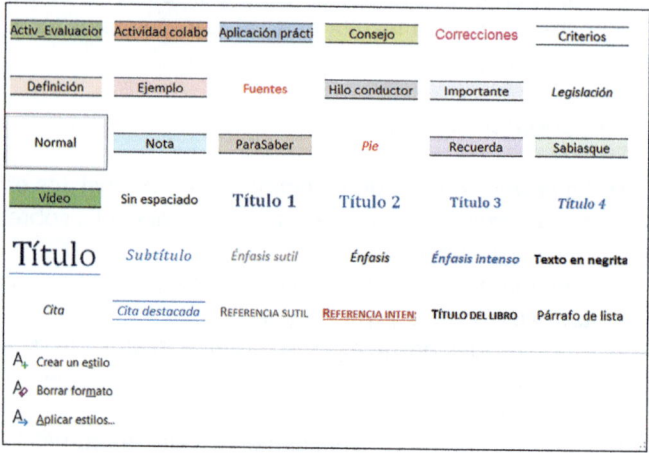

Se pueden aplicar estilos de título, subtítulo o texto normal. También es posible crear estilos personalizados o usar temas (paletas completas de colores y fuentes).

➲ **En *Writer*.** Se gestionan desde **Estilos:**

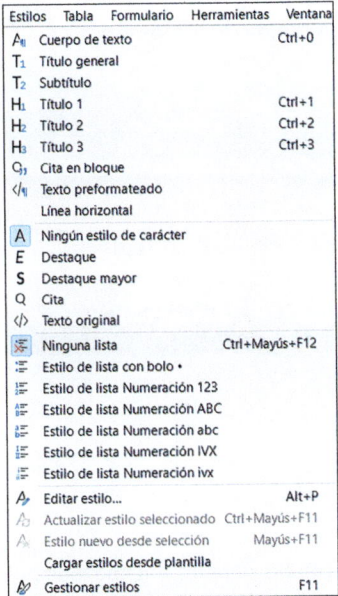

Writer permite guardar estilos personalizados en plantillas reutilizables.

➲ **En *Google Docs*.** Los estilos están en la barra superior (**Formato → Estilos de párrafo**):

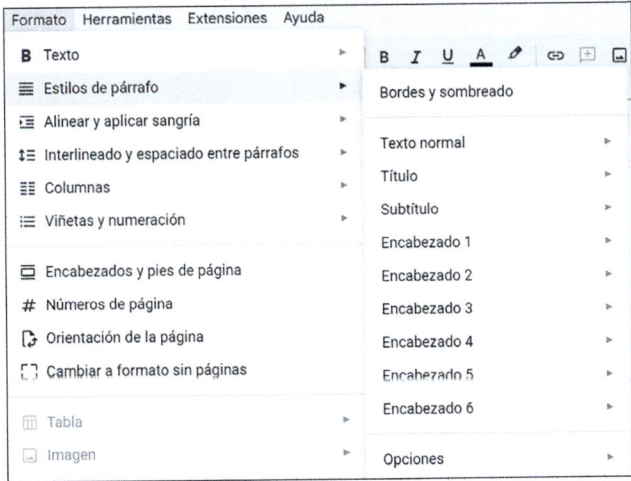

Los cambios se actualizan automáticamente en todo el documento si se modifica un estilo base (por ejemplo, Título 1).

Las principales ventajas de los estilos son:

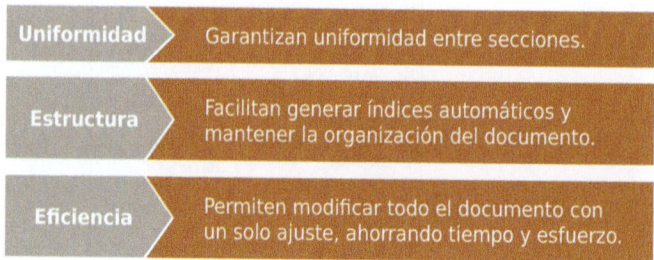

Uniformidad	Garantizan uniformidad entre secciones.
Estructura	Facilitan generar índices automáticos y mantener la organización del documento.
Eficiencia	Permiten modificar todo el documento con un solo ajuste, ahorrando tiempo y esfuerzo.

 **EJEMPLO**

Si se usa el estilo Título 1 para los encabezados y se cambia su color o su tamaño, el cambio se aplicará automáticamente a todos los encabezados del documento.

4. Ergonomía durante el proceso de edición

HILO CONDUCTOR

Rocío pasa muchas horas revisando textos y empieza a notar cansancio. Decide organizar mejor su espacio de trabajo, cuidar la postura y hacer pausas regulares para mantener la concentración y evitar la fatiga durante la edición.

La edición de textos puede parecer una tarea ligera, pero implica **muchas horas frente a la pantalla.** Sin una buena organización del espacio y unos hábitos saludables, el cuerpo y la vista terminan resintiéndose.

La ergonomía aplicada al trabajo digital busca precisamente eso: **adaptar el entorno a la persona,** reduciendo el esfuerzo físico y mental.

Al seguir unas pautas sencillas de postura, descanso y orden, se puede mantener un rendimiento alto sin perjudicar la salud.

4.1. Organización del espacio de trabajo digital

Un entorno ordenado —tanto físico como digital— favorece la concentración y evita distracciones.

En el caso del trabajo con procesadores de texto, esto incluye tanto la disposición del escritorio real como la configuración del espacio de trabajo en pantalla:

En el entorno físico
- La mesa debe tener espacio suficiente para el teclado, el ratón y los documentos necesarios.
- El monitor debe situarse frente a la persona, a unos 50-70 cm de distancia, con la parte superior de la pantalla a la altura de los ojos.
- Es recomendable que haya iluminación natural lateral o una lámpara de luz neutra que evite reflejos.
- El teclado y el ratón deben colocarse de forma que los antebrazos queden paralelos al suelo y las muñecas relajadas.

En el entorno digital
- Mantener solo las ventanas necesarias abiertas evita saturar la vista y distraerse.
- En *Word, Writer* o *Google Docs,* se puede activar el modo **Vista sin distracciones** o **Lectura** para centrarse en el texto.
- Usar atajos de teclado reduce movimientos repetitivos y mejora la eficiencia.
- Guardar los documentos en carpetas bien nombradas evita confusiones y pérdidas.

NOTA

Una buena organización visual, tanto en el escritorio físico como en la pantalla, mejora la precisión y reduce la sensación de agotamiento.

4.2. Pausas breves y control de la postura corporal

Durante la edición de textos, es habitual permanecer mucho tiempo sentado y con la mirada fija en la pantalla.

Sin embargo, el cuerpo necesita **movimiento y descanso visual:**

Pausas recomendadas	- Cada 45-60 minutos, hacer un descanso de 5 minutos para levantarse, estirarse o caminar. - Apartar la vista del monitor y mirar a lo lejos (unos 6 metros) durante 20 segundos para relajar los músculos oculares. - Aprovechar esos minutos para hidratarse o realizar pequeños movimientos de cuello, hombros y muñecas.
Control postural	- Mantener la espalda recta y apoyada en el respaldo de la silla. - Los pies deben descansar completamente sobre el suelo o sobre un reposapiés. - Evitar encorvarse hacia la pantalla o girar el tronco de manera forzada. - Ajustar la altura de la silla para que las rodillas formen un ángulo de 90°.

 **EJEMPLO**

Rocío programa recordatorios en su ordenador para levantarse y estirarse cada hora. También ajusta la altura de su monitor para no inclinar el cuello. Tras unos días, nota menos tensión y una mayor claridad mental durante la jornada.

4.3. Recomendaciones para un trabajo sostenido y saludable

Trabajar con textos de forma prolongada exige cuidar tanto el cuerpo como la mente. Adoptar hábitos ergonómicos permite **mantener la productividad sin comprometer el bienestar.**

Algunas buenas prácticas para un trabajo saludable son las siguientes:

Temperatura	Mantener una temperatura ambiente agradable, entre 20 °C y 24 °C, para favorecer la concentración y el confort.
Iluminación	Ajustar el brillo y el contraste del monitor para evitar reflejos y reducir la fatiga ocular.
Descanso visual	Realizar ejercicios de relajación visual: parpadear con frecuencia, mirar a distintos puntos y evitar luces directas sobre la pantalla.
Postura	Utilizar sillas ergonómicas regulables y cambiar de posición de vez en cuando para prevenir tensiones musculares.
Organización del tiempo	Planificar el trabajo en bloques equilibrados, alternando tareas exigentes con otras más ligeras para mantener la concentración.
Desconexión	Al finalizar la jornada, guardar los documentos y apagar el equipo para desconectar mentalmente del trabajo y favorecer el descanso.

NOTA

La ergonomía no solo previene lesiones, sino que mejora la concentración y la creatividad. Un entorno cómodo y ordenado favorece la calidad del trabajo y reduce los errores.

ACTIVIDAD 2

Beatriz dedica varias horas al día a revisar documentos en su ordenador. Suele encorvarse hacia la pantalla, apenas se levanta y nota que sus ojos se resecan al final de la tarde. Quiere mantener su rendimiento sin sufrir molestias. Según las recomendaciones de ergonomía durante el proceso de edición, ¿qué medidas debería aplicar para mejorar su bienestar mientras trabaja?

5. Resumen

Aplicar correctamente los formatos en un procesador de textos implica mucho más que "embellecer" un documento. Es una forma de **comunicar profesionalidad y claridad.**

Los tres programas —*Word, Writer* y *Google Docs*— ofrecen herramientas similares, aunque con diferencias en la interfaz y en el nivel de personalización:

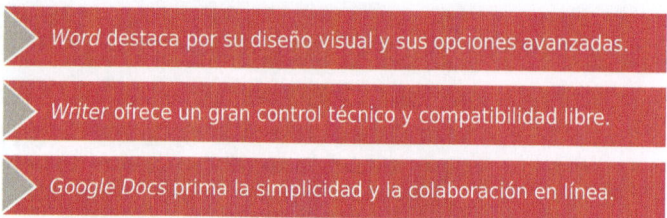

Word destaca por su diseño visual y sus opciones avanzadas.

Writer ofrece un gran control técnico y compatibilidad libre.

Google Docs prima la simplicidad y la colaboración en línea.

Dominar el formato de caracteres, párrafos y páginas permite **crear textos homogéneos, atractivos y bien estructurados.**

La edición básica y avanzada permite **trabajar con mayor agilidad y precisión** en cualquier procesador de textos. Las funciones de **copiar, cortar, pegar, reemplazar, corregir errores y aplicar estilos** garantizan documentos coherentes, claros y con formato uniforme.

Durante la edición de textos, la ergonomía es tan importante como la técnica. Organizar bien el espacio digital, hacer pausas y cuidar la postura permite **trabajar con eficiencia y sin fatiga.**

Ejercicios de autoevaluación
Unidad de Aprendizaje 2

1. ¿Qué abarca el formato de carácter?

    a. Márgenes, orientación y tamaño de página
    b. Encabezados, pies y numeración
    c. Alineación, sangrías e interlineado
    d. Tipo, tamaño, color y efectos, como negrita/cursiva/subrayado

2. ¿Qué opción define la disposición del texto en bloque?

    a. Tipografía y color
    b. Alineación, sangrías e interlineado
    c. Márgenes y orientación
    d. Numeración automática

3. ¿Cuál es un uso adecuado de la sangría francesa?

    a. Comenzar párrafos en narraciones largas.
    b. Bibliografías o listados de referencias
    c. Portadas y contraportadas
    d. Tablas con datos numéricos

4. En un documento formal, una práctica recomendada es:

    a. Limitarse a 1 o 2 tipografías y a tamaños coherentes.
    b. Usar cuatro tipografías distintas para jerarquizar.
    c. Centrar todo el cuerpo del texto.
    d. Recurrir a interlineado doble, en cualquier caso.

5. ¿Para qué sirven los encabezados y los pies de página?

    a. Para cambiar márgenes automáticamente.
    b. Para mostrar información repetida (título, empresa, numeración).
    c. Para insertar tablas vinculadas.
    d. Para alinear gráficos con el texto.

6. ¿Qué ventaja clave ofrecen los estilos predefinidos?

    a. Eliminan la necesidad de aplicar formato.
    b. Solo afectan a títulos, no al cuerpo.
    c. Permiten uniformidad y cambios globales con un solo ajuste.
    d. Desactivan la corrección automática.

7. ¿Cuál es el propósito de las herramientas buscar y reemplazar?

    a. Insertar imágenes en masa.
    b. Localizar términos y sustituirlos automáticamente en el documento.
    c. Numerar tablas y figuras.
    d. Cambiar los márgenes de todas las secciones.

8. Indica si las siguientes oraciones son verdaderas o falsas:

    a. El interlineado 1,15 o 1,5 favorece la lectura en informes.

        ■ Verdadero
        ■ Falso

    b. La orientación de página forma parte del formato de carácter.

        ■ Verdadero
        ■ Falso

9. Indica si las siguientes oraciones son verdaderas o falsas:

    a. Los encabezados y los pies de página deben ser discretos y no distraer del contenido.

        ■ Verdadero
        ■ Falso

    b. Los estilos ayudan a generar índices automáticos.

        ■ Verdadero
        ■ Falso

c. Si modificas 'Título 1', los demás encabezados no cambian.

- ■ Verdadero
- ■ Falso

10. Indica si las siguientes oraciones son verdaderas o falsas:

a. Copiar, cortar y pegar son opciones que permiten reorganizar texto sin reescribirlo.

- ■ Verdadero
- ■ Falso

b. Los correctores ortográficos sustituyen totalmente la revisión humana.

- ■ Verdadero
- ■ Falso

c. La ergonomía durante la edición mejora la concentración y reduce la fatiga.

- ■ Verdadero
- ■ Falso

Elaboración de comunicaciones escritas básicas. Utilización de plantillas

Contenido

Objetivos

Los objetivos específicos de esta Unidad de Aprendizaje son:

→ Redactar comunicaciones escritas básicas utilizando un lenguaje formal y claro.

→ Aplicar formatos uniformes mediante el uso de plantillas.

→ Guardar los documentos con una nomenclatura coherente y estructurada.

→ Utilizar carpetas y ubicaciones seguras para archivar los trabajos.

1. Introducción

Tras aprender a aplicar formatos, estilos y revisiones en documentos, el siguiente paso consiste en crear comunicaciones profesionales que transmitan mensajes claros, ordenados y coherentes. En cualquier entorno administrativo o empresarial, redactar correctamente una carta, un comunicado o un informe es tan importante como presentarlo con el formato adecuado.

En esta unidad aprenderemos a redactar textos formales, a utilizar plantillas predefinidas para mantener una imagen corporativa uniforme y a guardar los documentos siguiendo una estructura organizada y segura.

Rocío ha avanzado mucho en su dominio del procesador de textos. Ahora debe preparar comunicaciones internas y externas de la empresa, asegurándose de que todas sigan el mismo modelo. Gracias a las plantillas y a una buena organización, conseguirá ahorrar tiempo y mantener la coherencia visual en todos los documentos oficiales.

2. Elaboración de documentos de comunicación

☞ HILO CONDUCTOR

Rocío recibe la tarea de redactar una carta formal para notificar un cambio en los horarios del departamento. Aunque domina la herramienta, se da cuenta de que la clave no está solo en escribir correctamente, sino en comunicar con precisión y con el tono adecuado. Aprende a estructurar los textos según su finalidad —cartas, comunicados, informes— y a aplicar formatos acordes a cada tipo de mensaje.

La redacción de documentos profesionales exige **claridad, corrección y coherencia.** Cada texto debe adaptarse al destinatario, al contexto y al propósito comunicativo. Por ello, conocer los distintos tipos de escritos, su estructura habitual y las normas de presentación ayuda a proyectar una imagen de seriedad y profesionalidad en la comunicación escrita.

En este apartado aprenderemos a distinguir los tipos de comunicaciones más habituales en la oficina, a estructurarlas correctamente y a aplicar el formato más apropiado para cada caso.

2.1. Tipos de escritos: cartas, informes y comunicados

En el entorno laboral y administrativo es habitual redactar distintos tipos de documentos.

Aunque todos se elaboran con un procesador de texto, cada uno cumple una función diferente y requiere un tono y una estructura específicos:

La carta profesional	- Es un escrito formal que se utiliza para comunicarse con personas externas o internas a la organización. Puede ser una carta comercial, de solicitud, de agradecimiento o de presentación. - Su tono debe ser respetuoso, claro y directo, y se deben evitar expresiones informales o emotivas.
El informe	- Es un documento que presenta información de manera estructurada sobre una actividad, un proyecto o unos resultados. Su objetivo es informar y facilitar la toma de decisiones. - A diferencia de la carta, suele tener varias páginas y puede incluir títulos, subtítulos, tablas, gráficos o listados. En este tipo de documentos es importante cuidar la claridad visual y la coherencia en el formato.
El comunicado	- Es un texto breve que informa a un grupo sobre una decisión, evento o novedad. Su principal característica es la concisión: debe transmitir el mensaje de forma rápida y comprensible.

En los procesadores de texto como *Word, Writer* o *Google Docs,* es posible usar **plantillas predefinidas** de cartas. Estas plantillas ya incluyen la disposición correcta de los márgenes, los espacios para la fecha, el destinatario y la firma, lo cual facilita su elaboración.

 **EJEMPLO**

Una carta dirigida a un proveedor para confirmar un pedido incluirá la fecha, el nombre de la empresa, los datos de contacto, el asunto y una despedida formal, como "Atentamente" o "Cordialmente".

Tal y como se ha expuesto, en *Word, Writer* y *Docs* se pueden insertar **tablas, gráficos o encabezados automáticos,** así como crear un **índice** mediante los estilos de título, lo que facilita la navegación por el documento.

 EJEMPLO

Un informe de ventas mensual puede incluir un resumen ejecutivo, una tabla de resultados, conclusiones y recomendaciones finales.

Además, en los programas de texto, se pueden aplicar **formatos destacados** para el encabezado (por ejemplo, negrita o mayúsculas en el título) y mantener el resto del contenido sencillo, con párrafos cortos.

 EJEMPLO

Un comunicado interno puede anunciar el cambio de horario de atención o la celebración de una reunión. Suele incluir un encabezado claro, el cuerpo del mensaje y una firma o sello de la organización.

2.2. Estructura de las comunicaciones profesionales

Independientemente del tipo de documento, toda comunicación profesional debe seguir una **estructura lógica y ordenada,** que facilite la comprensión y dé una imagen cuidada.

Los elementos más comunes son:

⊃ **Encabezado o membrete.** Contiene los datos de la empresa o de la persona emisora: nombre, dirección, teléfono, correo electrónico o logotipo. En *Word* y *Writer,* puede añadirse desde **Insertar → Encabezado,** mientras que en *Google Docs* se añade desde **Insertar → Elementos de página → Encabezado.**

- **Fecha y lugar.** Se coloca habitualmente en la parte superior derecha. Es recomendable usar un formato claro, como "Madrid, 5 de noviembre de 2025".
- **Datos del destinatario.** Incluyen el nombre, cargo o institución a la que se dirige el documento. En una carta o comunicado formal, estos datos se colocan debajo de la fecha, alineados a la izquierda.
- **Saludo inicial.** Establece el tono del mensaje. Puede variar según el grado de formalidad:

  - Formal: "Estimado Sr. García".
  - Semiformal: "Buenos días, equipo de ventas".
  - Neutral o inclusivo: "A la atención del departamento de administración".

- **Cuerpo del texto.** Es el contenido principal. Se organiza en párrafos cortos, cada uno con una idea. Conviene comenzar con la introducción o motivo, desarrollar la información y finalizar con una conclusión o solicitud.
- **Despedida y firma.** Cierra el documento con una expresión cortés, como "Atentamente" o "Reciba un cordial saludo", seguida del nombre y del cargo de la persona remitente.
- **Anexos o referencias (si procede).** Si se adjuntan documentos o se remiten datos adicionales, se indica al final con una nota, como "Se adjunta informe de resultados".

CONSEJO

Antes de enviar o archivar cualquier documento, conviene revisar la ortografía y el formato utilizando el corrector automático disponible en los tres procesadores **(Revisar → Ortografía y gramática** en *Word* y *Writer*, y **Herramientas → Ortografía y gramática** en *Google Docs)*.

 **EJEMPLO**

[Encabezado o membrete]

MELK'S GESTORÍA
C/ Mayor, 112 – 28013 Madrid
Tel. 91 654 32 10 – info@melksgestoria.com
Madrid, 5 de noviembre de 2025

A la atención de:

D. Javier Moreno
Responsable de Recursos Humanos
EMPRESA INDUSTRIAL CASTILLA, S. A.

Asunto: Envío del informe de gestión trimestral

Estimado Sr. Moreno:

Nos ponemos en contacto con usted para remitirle el informe de gestión correspondiente al tercer trimestre de 2025, elaborado conforme a los acuerdos establecidos en el contrato de asesoramiento fiscal y contable vigente.

En el documento adjunto encontrará un resumen detallado de las operaciones revisadas, así como las recomendaciones para optimizar la presentación de impuestos y mejorar la planificación contable de cara al próximo ejercicio.

Quedamos a su disposición para ampliar la información o concertar una reunión, si lo considera oportuno.

Atentamente,

(espacio para la firma)

María López García
Responsable de Administración
Melk's Gestoría

Anexo: Informe de gestión trimestral (PDF)

2.3. Aplicación de formatos adecuados al tipo de texto

El formato visual es una parte esencial de la comunicación escrita. Un documento bien estructurado transmite profesionalidad y facilita la lectura.

Cada tipo de texto requiere **ajustes de formato específicos,** según su extensión y propósito:

Formato de cartas	- Márgenes: 2,5 cm en los cuatro lados. - Fuente: Arial o Calibri, tamaño 11 o 12. - Alineación: izquierda o justificada. - Espaciado: 1,15 o 1,5 líneas. - La fecha, el destinatario y la firma se alinean de forma diferenciada (fecha a la derecha, firma al final).
Formato de informes	- Portada con título y datos de autoría. - Encabezado y pie de página con numeración. - Títulos y subtítulos con estilos automáticos (Título 1, Título 2...). - Tablas o gráficos insertados con sus títulos. - Texto justificado, interlineado 1,5.
Formato de comunicados	- Márgenes amplios y cuerpo centrado o justificado. - Título principal destacado (negrita o mayúsculas). - Texto breve (una página como máximo). - Firma o sello de la entidad al final.

A continuación, se exponen algunos consejos generales para los tres programas:

- ➲ **Fuentes legibles.** Utilizar fuentes legibles y coherentes en todos los documentos.
- ➲ **Negrita.** Emplear negrita solo para resaltar la información importante, y evitar el uso excesivo de mayúsculas.
- ➲ **Vista previa.** Revisar la vista previa de impresión antes de guardar o enviar el archivo.
- ➲ **Guardar copia.** Guardar siempre una copia en PDF cuando el documento deba compartirse externamente, para conservar el formato.
- ➲ **Nombres de archivo.** Usar nombres de archivo claros y consistentes, como "Carta_proveedor_oct2025.docx" o "Informe_ventas_Q4.pdf".

TAREA 3

Rocío trabaja como auxiliar administrativa en una empresa de formación.

Su responsable le ha pedido redactar una carta formal para notificar al alumnado un cambio de horario en los cursos presenciales a partir del próximo mes.

La tarea consiste en redactar y dar formato a la carta siguiendo las normas básicas de comunicación profesional y utilizando las herramientas del procesador de textos *(Word, Writer o Google Docs)*:

1. Crea un nuevo documento

Abre tu procesador de texto habitual y crea un documento en blanco.

Guárdalo con el nombre:

"Carta_cambio_horario.docx"

2. Escribe el contenido del encabezado

Inserta los datos del remitente en la parte superior izquierda del documento:

CENTRO FORMATIVO IC
C/ Gran Vía, 120 – 28013 Madrid
Tel. 91 555 32 10 – info@icformacion.com

A continuación, añade la fecha y el lugar, alineados a la derecha:

Madrid, 6 de noviembre de 2025

3. Redacta los datos del destinatario

Coloca los datos alineados a la izquierda, dos líneas debajo de la fecha:

A la atención de:

Alumnado del curso "Excel Avanzado para la Gestión Empresarial"

Continúa en página siguiente >>

<< Viene de página anterior

4. Redacta el cuerpo de la carta

Escribe un texto breve y claro, con un tono formal y lenguaje neutro:

Estimados alumnos:

Les informamos de que, a partir del próximo mes de diciembre, el horario del curso "Excel Avanzado para la Gestión Empresarial" pasará a ser de lunes a jueves de 17:00 a 20:00 horas.

El cambio responde a la necesidad de adaptar la programación docente al nuevo calendario de formación y garantizar una mejor atención al alumnado.

Agradecemos su comprensión y colaboración. Para cualquier duda o aclaración, pueden ponerse en contacto con la secretaría del centro a través del correo electrónico info@icformacion.com.

5. Añade la despedida y la firma

Atentamente,

(espacio de tres líneas para la firma)

Beatriz Coronado
Coordinadora de Formación
Centro Formativo IC

6. Aplica formato al documento

• Fuente: Calibri o Arial, tamaño 12
• Alineación:

    · Encabezado y datos del destinatario: alineados a la izquierda
    · Fecha: alineada a la derecha
    · Cuerpo de la carta: justificado

• Espaciado: 1,15 líneas
• Márgenes: 2,5 cm en todos los lados
• Encabezado o pie de página (opcional): inserta el logotipo o el nombre del centro.
• Guarda el documento y genera también una versión PDF para enviar por correo.

Continúa en página siguiente >>

<< Viene de página anterior

Responde a las siguientes cuestiones:

1. ¿Qué elementos formales debe incluir toda carta profesional?
2. ¿Por qué es importante mantener un tono formal y un lenguaje claro en una comunicación escrita?
3. ¿Qué formato has utilizado para que el texto se lea con claridad y mantenga una apariencia profesional?
4. ¿Por qué conviene guardar la carta también en formato PDF?

3. Utilización de plantillas predefinidas

 HILO CONDUCTOR

Después de redactar varios documentos, Rocío observa que cada uno tiene un formato distinto: márgenes diferentes, logotipos mal alineados o tipografías variadas. Para evitar ese desorden, descubre el uso de plantillas predefinidas, que permiten mantener la uniformidad visual y ahorrar tiempo en la elaboración de nuevos textos.

Las plantillas son modelos base que establecen el diseño y la estructura de los documentos corporativos. Utilizarlas garantiza **consistencia en la imagen de la empresa** y facilita el trabajo cotidiano. Además, pueden personalizarse para distintos tipos de escritos: cartas, informes, circulares o formularios.

En este apartado aprenderemos a **seleccionar, personalizar y crear nuestras propias plantillas reutilizables,** valorando las ventajas de la estandarización y su impacto en la eficiencia del trabajo administrativo.

3.1. Selección y personalización de plantillas

Las **plantillas** son documentos base que ya incluyen un formato predefinido: márgenes, tipos de letra, encabezados, pies de página y, en algunos casos, incluso logotipos o campos de texto. Su función es **ahorrar tiempo y**

mantener coherencia entre todos los documentos que se elaboran en una organización o en un mismo proyecto.

Los tres procesadores de texto —*Word, Writer* y *Google Docs*— ofrecen una amplia variedad de plantillas que se pueden adaptar fácilmente a las necesidades de cada persona o empresa.

En *Microsoft Word,* se accede desde **Archivo → Nuevo,** donde aparecen categorías como cartas, informes o memorandos. Basta con elegir una plantilla y hacer clic en **Crear** para comenzar a editar:

En *LibreOffice Writer,* las plantillas están disponibles desde **Archivo → Nuevo → Plantillas.** Se pueden filtrar por tipo o se pueden crear colecciones personalizadas:

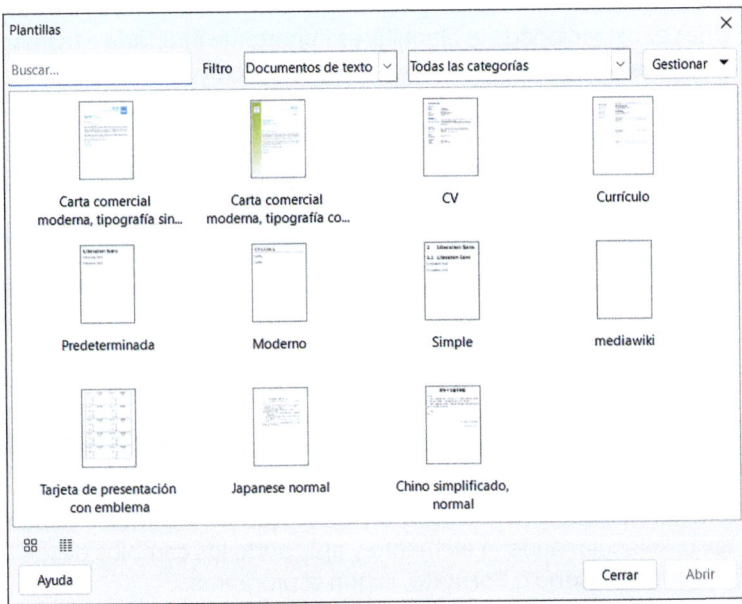

En *Google Docs,* se accede a la galería de plantillas desde **Archivo →
Nuevo → De la galería de plantillas,** y ofrece opciones como carta moderna, informe corporativo o currículo:

Una vez seleccionada la plantilla, es importante **ajustarla a la imagen de la organización o del proyecto.** Esto puede incluir:

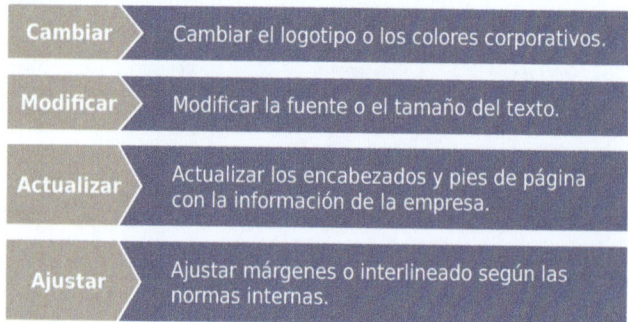

Cambiar	Cambiar el logotipo o los colores corporativos.
Modificar	Modificar la fuente o el tamaño del texto.
Actualizar	Actualizar los encabezados y pies de página con la información de la empresa.
Ajustar	Ajustar márgenes o interlineado según las normas internas.

Estas modificaciones se realizan igual que en cualquier documento de texto: seleccionando el elemento y aplicando los cambios desde las pestañas **Inicio, Diseño** o **Formato,** según el programa.

 **CONSEJO**

Después de personalizar una plantilla, conviene guardarla como modelo nuevo (por ejemplo, "Plantilla_comunicado.dotx" o "Modelo_informe.odt") para reutilizarla en el futuro sin tener que repetir el trabajo de diseño.

3.2. Creación de modelos reutilizables

Además de utilizar plantillas prediseñadas, los procesadores de texto permiten **crear modelos propios desde cero,** adaptados al tipo de documentos que se elaboran con frecuencia: informes, comunicados, cartas o formularios internos.

Para crear una plantilla desde cero, podemos seguir los siguientes pasos:

1. Abrir un documento en blanco.
2. Aplicar los formatos necesarios: márgenes, fuente, encabezados, logotipo, pie de página y espaciado.
3. Incluir los textos fijos que se repiten siempre (por ejemplo, "A la atención de...", "Firma del responsable" o "Departamento de...").

4. Dejar espacios en blanco o líneas donde se introducirán los datos variables (nombre, fecha, asunto, etc.).

A continuación, se exponen algunas recomendaciones al usar plantillas:

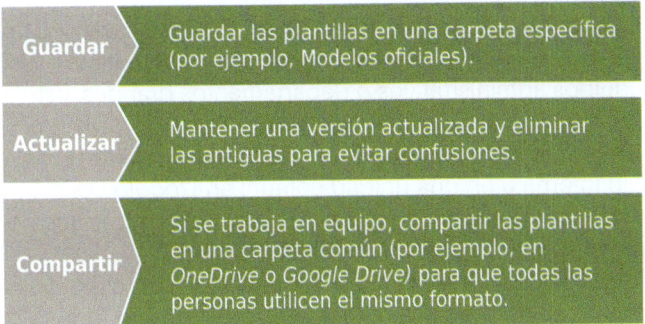

👁 EJEMPLO

Rocío diseña una plantilla para las actas de reunión de su empresa. Incluye el logotipo en el encabezado, una tabla con los puntos del orden del día y un espacio para las firmas. Al guardarla como modelo, cada vez que se celebre una reunión solo tendrá que rellenar los datos, sin crear el formato desde cero.

3.3. Ventajas de la estandarización del formato

La **estandarización del formato** significa que todos los documentos de una empresa o institución comparten la misma estructura visual: mismos márgenes, tipo de letra, logotipo, encabezado y estilo de redacción.

Esta práctica ofrece múltiples beneficios tanto a nivel profesional como organizativo:

○ **Uniformidad y coherencia visual.** Cuando todas las personas utilizan el mismo formato, la documentación proyecta una imagen profesional y organizada.
Por ejemplo, si todas las cartas usan la misma plantilla, quien las reciba identificará rápidamente la empresa o la institución que las emite. Esto refuerza la identidad corporativa y la confianza.

- ⮑ **Ahorro de tiempo y reducción de errores.** Las plantillas ya incluyen los elementos esenciales (membrete, fecha, firma, márgenes, etc.), lo que evita tener que configurar el documento cada vez desde cero.

  Además, las plantillas disminuyen los errores de formato —como tipografías distintas o logotipos mal ubicados— y permiten centrarse en el contenido del texto.

- ⮑ **Facilita el trabajo en equipo.** Cuando varias personas trabajan con los mismos modelos, los documentos son compatibles y coherentes. En equipos administrativos o departamentos grandes, esto evita confusiones y mejora la comunicación interna.

  En *Word* y *Writer,* las plantillas compartidas pueden almacenarse en una red interna o en una unidad común; en *Google Docs,* pueden compartirse con permisos de solo lectura para garantizar que no se modifique el original.

- ⮑ **Mejora la accesibilidad y la organización.** La estandarización ayuda a mantener los archivos bien clasificados, ya que todos siguen el mismo patrón de nombre y estructura. Además, facilita la búsqueda y el archivo en carpetas o bases de datos documentales.

  Si todas las plantillas de una empresa comienzan con el prefijo "DOC_" o "INF_", es más fácil localizar los archivos por tipo: "DOC_carta_cliente_enero.docx" o "INF_ventas_trimestrales.odt".

- ⮑ **Cumplimiento de normas y buenas prácticas.** En muchas organizaciones públicas y privadas se exige mantener un formato uniforme por motivos legales o de calidad. Usar plantillas garantiza que los documentos cumplan los requisitos de presentación establecidos en los manuales de identidad visual o en las normativas internas.

 ACTIVIDAD COMPLEMENTARIA

2. Reflexiona sobre la importancia de usar plantillas predefinidas en los documentos de trabajo y analizar cómo su personalización contribuye a mantener una imagen profesional y coherente dentro de una organización.

   ¿Qué ventajas tiene utilizar una plantilla predefinida en lugar de crear cada documento desde cero?

   ¿Qué elementos considerarías imprescindibles para personalizar una plantilla y adaptarla a la identidad de una empresa (por ejemplo, logotipo, colores o tipo de letra)?

Continúa en página siguiente >>

<< Viene de página anterior

Imagina que formas parte del departamento administrativo de una empresa: ¿qué tipo de documentos crearías como plantilla para facilitar el trabajo diario?

4. Guardado y organización de documentos

☞ HILO CONDUCTOR

Con las comunicaciones ya elaboradas, Rocío debe archivarlas correctamente. Aprende a asignar nombres significativos a los archivos, a elegir el destino adecuado de almacenamiento y a revisar los documentos antes de guardarlos definitivamente, asegurando que estén listos para su consulta o envío.

La buena gestión de documentos digitales es una parte esencial del trabajo de oficina. Un archivo mal nombrado o mal ubicado puede hacer perder tiempo y provocar errores. Por eso, adoptar un sistema coherente de **nomenclatura, clasificación y almacenamiento** ayuda a mantener el orden y facilita la localización posterior.

En este último apartado aprenderemos a guardar los documentos siguiendo un criterio estructurado y profesional, combinando eficiencia y buenas prácticas.

4.1. Asignación de nombres significativos a los archivos

Nombrar correctamente los documentos es un paso esencial para mantener el orden y poder encontrarlos fácilmente más adelante. Un archivo con un nombre claro ahorra tiempo, evita confusiones y facilita el trabajo en equipo.

En lugar de guardar un documento con el nombre genérico que propone el programa (por ejemplo, "Documento1"), conviene utilizar **nombres descriptivos y coherentes** que indiquen su contenido, fecha o propósito:

Ejemplos de buenas prácticas
- "Carta_cliente_mayo2025.docx"
- "Informe_ventas_Q2_2025.odt"
- "Comunicado_horarios_equipo.pdf"

Consejos para crear nombres claros
- Utiliza palabras clave que describan el contenido.
- Evita acentos, eñes y caracteres especiales *(Word, Writer* y *Google Docs* los permiten, pero pueden causar errores al compartir el archivo).
- Mantén un formato coherente: por ejemplo, "tipo_documento_tema_fecha".
- Si trabajas en equipo, acuerda un mismo sistema de nombres para todas las personas (por ejemplo, incluir las iniciales del autor o la versión del documento).

En *Word* y *Writer,* el nombre se asigna al guardar desde **Archivo → Guardar como.**

En *Google Docs,* se escribe directamente en la parte superior izquierda del documento, donde aparece el nombre "Documento sin título":

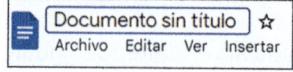

 **CONSEJO**

Adoptar un sistema de nombres homogéneo, como "DD_MM_AAAA" (por ejemplo, "informe_05_11_2025"), facilita el orden cronológico y la búsqueda posterior.

4.2. Elección del destino de almacenamiento

Una vez nombrado el archivo, es importante **decidir dónde se va a guardar.** Escoger el destino correcto garantiza la seguridad de los datos y permite acceder al documento fácilmente cuando se necesite.

Existen tres ubicaciones habituales de almacenamiento:

| En el equipo local | En la nube | En dispositivos externos o de respaldo |

En el equipo local

Guardar el archivo en el disco duro del ordenador:

Ventajas ✔	Inconvenientes ✘
- Se puede acceder a los archivos sin conexión a internet, lo que permite trabajar en cualquier momento. - La velocidad de acceso y guardado suele ser mayor que en la nube, ya que depende solo del propio equipo. - El usuario mantiene un control total sobre los archivos y su ubicación dentro del sistema.	- Si el equipo se estropea, se pierde o sufre un ataque informático, los documentos podrían desaparecer. - No es posible compartir o editar simultáneamente con otras personas sin recurrir a envíos por correo o copias. - Se requiere espacio suficiente en el disco duro, que puede llenarse con el tiempo.

En la nube

Guardar en servicios en línea como *OneDrive (Word)*, *Google Drive (Docs)* o *Nextcloud* (compatible con *Writer*):

Ventajas	Inconvenientes
- Permite acceder al archivo desde cualquier dispositivo con conexión a internet (ordenador, móvil o tableta). - Facilita la colaboración en tiempo real, ya que varios usuarios pueden editar el mismo documento a la vez. - Realiza guardados automáticos y mantiene versiones anteriores, lo que reduce el riesgo de pérdida o error. - Favorece el trabajo remoto y la sincronización con otros servicios o aplicaciones.	- Requiere conexión a internet para acceder o guardar los cambios. - Existe cierta dependencia de los servidores externos: si el servicio falla o cierra, se pierde el acceso temporal. - Puede plantear riesgos de privacidad o seguridad si no se protege adecuadamente la cuenta o la red.

En dispositivos externos o de respaldo

Guardar en una memoria USB o disco externo como copia de seguridad:

Ventajas	Inconvenientes
- Permite disponer de una copia física independiente del equipo principal. - Es una opción útil para respaldar documentos importantes o confidenciales. - No depende de internet ni de servicios externos, lo que refuerza la autonomía del usuario. - Facilita el traslado rápido de archivos entre equipos sin necesidad de conexión.	- Los dispositivos pueden perderse, dañarse o corromperse, especialmente las memorias USB. - Si no se actualizan las copias con frecuencia, pueden quedar versiones desfasadas de los documentos. - Algunos soportes externos pueden infectarse con virus al conectarse a varios equipos. - El espacio de almacenamiento puede ser limitado, en comparación con las soluciones en la nube.

 **CONSEJO**

Organiza las carpetas por categorías (por ejemplo, Cartas, Informes, Plantillas) y guarda cada documento en su lugar correspondiente. En *Google Drive* se pueden usar colores de carpetas para identificarlas más fácilmente.

4.3. Revisión final antes de archivar

Antes de dar por terminado y archivar un documento, conviene realizar una **revisión final.** Este paso asegura que el contenido, el formato y el nombre del archivo sean correctos, evitando errores o duplicados.

Los pasos recomendados para la revisión final son los siguientes:

⊃ **Verificar el contenido:**

  ◊ Leer el texto completo para comprobar que no falte información.
  ◊ Revisar nombres, cifras, fechas o datos sensibles.
  ◊ En los tres programas *(Word, Writer* y *Google Docs)* se puede usar la opción **Revisar → Ortografía y gramática,** o **Herramientas → Ortografía y gramática.**

⊃ **Comprobar el formato:**

  ⇕ Asegurarse de que la fuente, los márgenes y los encabezados sean los adecuados.
  ⇕ Revisar el interlineado, las sangrías y la numeración de páginas.
  ⇕ En *Word* y *Writer,* utilizar la **Vista previa de impresión** antes de guardar; en *Docs,* seleccionar **Archivo → Vista previa de impresión.**

⊃ **Confirmar el nombre del archivo y la carpeta:**

  ◊ Verificar que el nombre sea descriptivo y que la carpeta elegida sea la correcta.
  ◊ Evitar guardar versiones distintas en lugares diferentes si no es necesario.

- **Guardar en formato adecuado:**
  - Documentos en proceso: .docx, .odt o .gdoc.
  - Documentos terminados o para envío: .pdf, ya que conserva el formato original y evita modificaciones accidentales.
- **Opcional: incluir metadatos o comentarios:**
  - En *Word:* **Archivo → Información → Propiedades:**

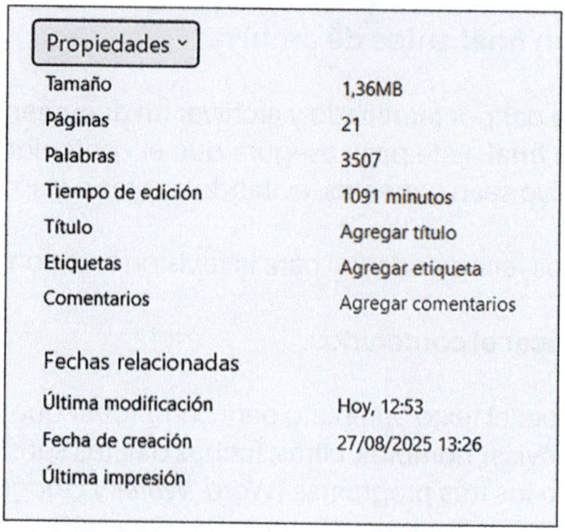

  - En *Writer:* **Archivo → Propiedades → Descripción:**

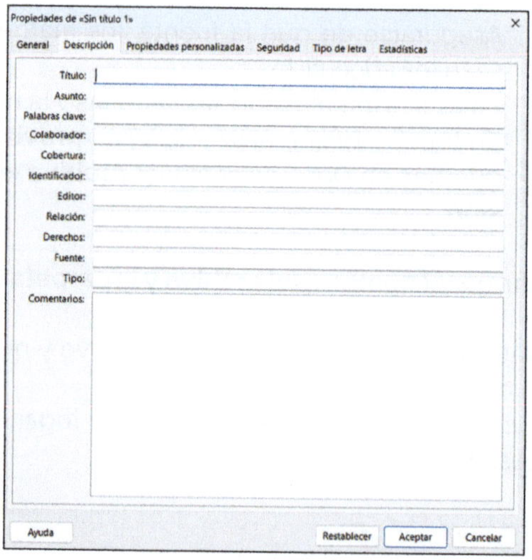

🕛 En *Docs,* se puede añadir una nota seleccionando el texto y haciendo clic en **Añadir comentario:**

IMPORTANTE

Después de archivar, es útil hacer una copia de seguridad semanal de los documentos importantes, especialmente si se trabaja con información sensible o compartida.

TAREA 4

Rocío ha terminado de redactar varias cartas y comunicados internos.

Antes de enviarlos, debe guardarlos de forma ordenada y con nombres claros para que cualquier persona del departamento pueda localizarlos fácilmente.

Tu tarea será nombrar y guardar correctamente los archivos, eligiendo la ubicación más adecuada.

1. Crea una carpeta principal en tu escritorio o unidad de red.
2. Dentro de esa carpeta, crea tres subcarpetas.
3. Abre uno de los documentos redactados en tu procesador de textos *(Word, Writer* o *Google Docs).*
4. Guarda el archivo y asígnale un nombre descriptivo siguiendo un formato coherente.

5. Resumen

Toda comunicación escrita en el ámbito laboral —ya sea una carta, un informe o un comunicado— debe proyectar una **imagen profesional y clara.**

Cada tipo de texto cumple una función distinta:

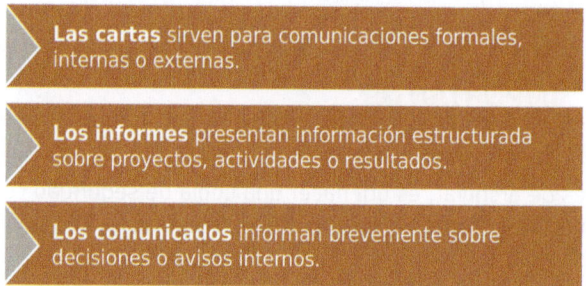

Las cartas sirven para comunicaciones formales, internas o externas.

Los informes presentan información estructurada sobre proyectos, actividades o resultados.

Los comunicados informan brevemente sobre decisiones o avisos internos.

Para que sean eficaces, los textos deben estructurarse correctamente y seguir una secuencia lógica: **encabezado o membrete, fecha y lugar, destinatario, saludo, cuerpo del texto, despedida, firma y anexos.** Además, se recomienda revisar siempre la **ortografía y el formato** antes de enviarlos.

El **formato visual** influye directamente en la comprensión y la presentación del documento.

Cada tipo de escrito tiene su propio diseño recomendado:

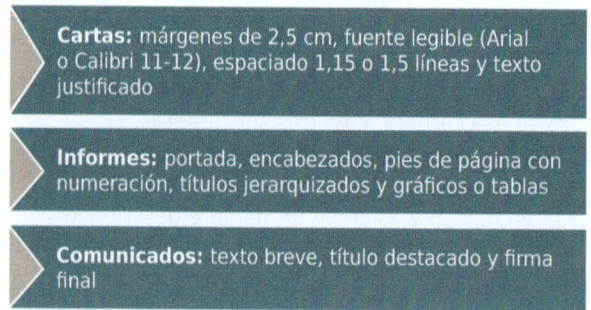

Cartas: márgenes de 2,5 cm, fuente legible (Arial o Calibri 11-12), espaciado 1,15 o 1,5 líneas y texto justificado

Informes: portada, encabezados, pies de página con numeración, títulos jerarquizados y gráficos o tablas

Comunicados: texto breve, título destacado y firma final

Las **plantillas** son modelos de documento con un formato base ya configurado (márgenes, fuentes, encabezado, pie de página, logotipo...). Su uso permite **ahorrar tiempo,** mantener **uniformidad corporativa** y reducir errores de formato. Una vez seleccionada, la plantilla puede **personalizarse** con los colores y logotipo de la empresa, y guardarse como modelo propio.

También es posible crear modelos desde cero, configurando márgenes, estilos, encabezados y textos fijos, y luego guardarlos como plantillas reutilizables.

La **estandarización del formato** (mismo diseño para todas las comunicaciones) aporta:

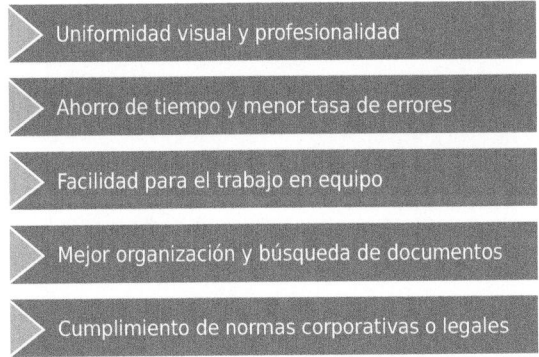

Uniformidad visual y profesionalidad

Ahorro de tiempo y menor tasa de errores

Facilidad para el trabajo en equipo

Mejor organización y búsqueda de documentos

Cumplimiento de normas corporativas o legales

Una vez elaboradas las comunicaciones, es fundamental **nombrar y guardar** los archivos correctamente.

Ejercicios de autoevaluación
Unidad de Aprendizaje 3

1. ¿Qué documento prioriza la concisión para informar de un cambio o novedad a un grupo?

    a. Carta
    b. Informe
    c. Comunicado
    d. Memorando extensivo

2. ¿Cuál es el orden mínimo que debe aparecer en una carta profesional?

    a. Asunto → Firma → Saludo → Fecha
    b. Encabezado → Fecha y lugar → Destinatario → Saludo → Cuerpo → Despedida y firma
    c. Saludo → Firma → Cuerpo → Fecha
    d. Destinatario → Cuerpo → Encabezado → Firma

3. ¿Qué ventaja principal aportan las plantillas predefinidas?

    a. Garantizan uniformidad y ahorran tiempo.
    b. Permiten saltar la revisión ortográfica.
    c. Impiden que se modifique el formato.
    d. Convierten automáticamente los archivos a PDF.

4. ¿Qué acción es correcta para personalizar una plantilla corporativa?

    a. Usar múltiples fuentes distintas en cada sección.
    b. Actualizar logotipo, colores, encabezados y pies con datos del centro.
    c. Eliminar márgenes para "ganar espacio".
    d. Poner todo el texto en mayúsculas.

5. ¿Cuál es un nombre de archivo claro y profesional?

    a. "documento1.docx"
    b. "comunicado horarios - equipo - noviembre 2025.docx"

    c. "comunicado_horarios_equipo_2025-11-06.pdf"
    d. "carta_proveedor_última_versión_definitiva_buena_buena.docx"

6. ¿Qué destino de almacenamiento facilita la edición simultánea y el control de versiones?

    a. USB
    b. Disco local
    c. Nube *(OneDrive/Google Drive/Nextcloud)*
    d. Correo electrónico

7. Antes de archivar, ¿qué paso asegura que el documento se verá igual en cualquier equipo?

    a. Dejar fuentes incrustadas.
    b. Guardar una copia en PDF.
    c. Cambiar a interlineado doble.
    d. Colorear la pestaña del archivo.

8. Indica si las siguientes oraciones son verdaderas o falsas:

    a. Las plantillas ayudan a reducir errores de formato y a mantener la identidad visual.

       ■ Verdadero
       ■ Falso

    b. En Google Docs no existen galerías de plantillas.

       ■ Verdadero
       ■ Falso

    c. Tras personalizar una plantilla, conviene guardarla como modelo para reutilizarla.

       ■ Verdadero
       ■ Falso

9. Indica si las siguientes oraciones son verdaderas o falsas:

a. Es recomendable usar acentos y eñes en nombres de archivo para una máxima compatibilidad.

- ■ Verdadero
- ■ Falso

b. Guardar solo en el equipo local aumenta el riesgo de pérdida ante fallos del dispositivo.

- ■ Verdadero
- ■ Falso

c. Los dispositivos externos deben actualizarse con copias recientes para evitar versiones desfasadas.

- ■ Verdadero
- ■ Falso

10. Indica si las siguientes oraciones son verdaderas o falsas:

a. El cuerpo de una carta debe organizarse en párrafos breves y con un tono claro y formal.

- ■ Verdadero
- ■ Falso

b. Un comunicado eficaz puede ocupar varias páginas con anexos y gráficos.

- ■ Verdadero
- ■ Falso

c. La revisión final incluye ortografía y gramática, formato, vista previa e identificación correcta de carpeta y nombre.

- ■ Verdadero
- ■ Falso

Unidad de aprendizaje 4

Combinar y comparar documentos

Contenido

Objetivos

Los objetivos específicos de esta Unida de Aprendizaje son:

→ Identificar las herramientas de combinación de correspondencia.

→ Combinar datos de distintas fuentes en un mismo documento.

→ Comparar versiones de documentos para detectar diferencias.

→ Guardar los resultados obtenidos de forma clara y ordenada.

1. Introducción

Tras elaborar comunicaciones formales y utilizar plantillas con formato uniforme, el siguiente paso consiste en trabajar con documentos que integran datos y revisiones de distintas fuentes. En cualquier oficina o entorno administrativo, es habitual tener que enviar cartas personalizadas, revisar versiones de un mismo archivo o guardar correctamente los resultados finales.

En esta unidad aprenderemos a combinar correspondencia para generar documentos personalizados, a comparar versiones para detectar y gestionar cambios, y a guardar los resultados de forma estructurada para mantener el orden y la trazabilidad del trabajo realizado.

Rocío se encuentra ahora con un nuevo reto: su responsable le ha pedido enviar una comunicación personalizada a cada cliente y revisar los informes que su equipo ha modificado. Gracias a las herramientas de combinación, comparación y organización de documentos, aprenderá a automatizar tareas, mantener la coherencia de los textos y conservar todo su trabajo perfectamente archivado.

2. Combinar correspondencia

☞ HILO CONDUCTOR

Rocío debe enviar una comunicación personalizada a decenas de destinatarios. En lugar de escribirlas una por una, aprende a usar la herramienta de combinación de correspondencia, que une un documento modelo con una base de datos para generar cartas, etiquetas o correos con los datos de cada persona. Es una función práctica que ahorra tiempo y garantiza uniformidad.

La combinación de correspondencia es una herramienta muy útil en los procesadores de texto, ya que permite **crear documentos personalizados para varios destinatarios** de forma rápida y eficiente.

En lugar de redactar una carta o un correo electrónico diferente para cada persona, se elabora un **documento modelo** con el contenido común y se insertan **campos de datos variables** (por ejemplo, nombre, dirección, empresa o número de cliente) que el programa sustituye automáticamente por la información correspondiente de una base de datos.

Esta función resulta especialmente útil en contextos administrativos, comerciales o educativos, donde se deben emitir comunicaciones similares, como notificaciones, certificados o etiquetas postales.

Sus ventajas principales son las siguientes:

Ahorro de tiempo
Permite generar de forma automática numerosos documentos personalizados en pocos minutos, sin necesidad de escribir cada uno manualmente.

Reducción de errores
Al obtener los datos directamente de una fuente fiable, se evitan equivocaciones al copiar información como nombres o direcciones.

Uniformidad en el formato
Todos los documentos mantienen el mismo diseño, estructura y estilo, proyectando así una imagen profesional y coherente.

Facilidad de actualización
Si cambia algún dato en la base, basta con actualizar la fuente para que todos los documentos reflejen la información correcta.

Versatilidad
Puede aplicarse a cartas, etiquetas, sobres o correos electrónicos, adaptándose a las necesidades de cada situación.

2.1. Concepto de combinación y campos de datos

La combinación de correspondencia consiste en **vincular un documento principal** (por ejemplo, una carta o una circular) con **una fuente de datos externa** (como una hoja de cálculo, una tabla o una base de datos) que contiene los campos con la información personalizada.

Cada campo representa un dato concreto: nombre, apellidos, dirección, código postal, correo electrónico, etc. Al ejecutar la combinación, el procesador de texto sustituye los campos por los valores reales de cada registro.

 **EJEMPLO**

Por ejemplo, el campo Nombre se reemplaza por "Lucía", "Javier" o "Marta", según los datos del listado.

En los tres principales procesadores de texto —*Word 365, LibreOffice Writer* y *Google Docs*— la combinación de correspondencia se realiza de forma similar: primero se crea el documento base y, después, se vincula una fuente de datos.

El proceso específico para cada procesador es el siguiente:

➲ *Word 365:*

   ◓ Ir a la pestaña **Correspondencia → Iniciar combinación de correspondencia:**

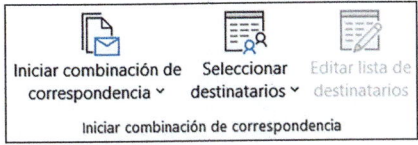

   ◓ Elegir el tipo de documento (cartas, sobres, etiquetas o correos):

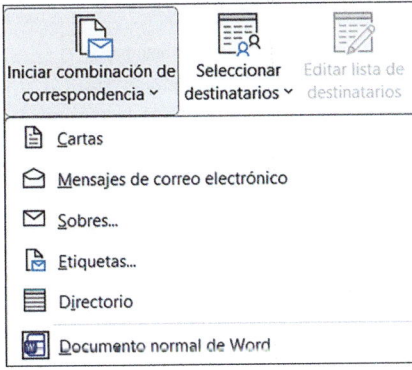

◔ Seleccionar la opción **Seleccionar destinatarios → Usar una lista existente** para vincular la base de datos (por ejemplo, un archivo *Excel)*:

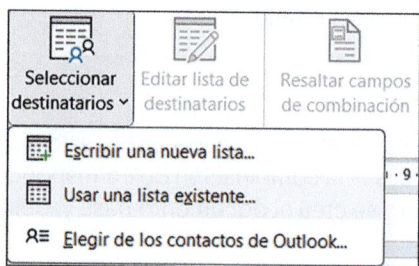

➲ *LibreOffice Writer:*

◔ Abrir el menú **Herramientas → Asistente para combinación de correspondencia:**

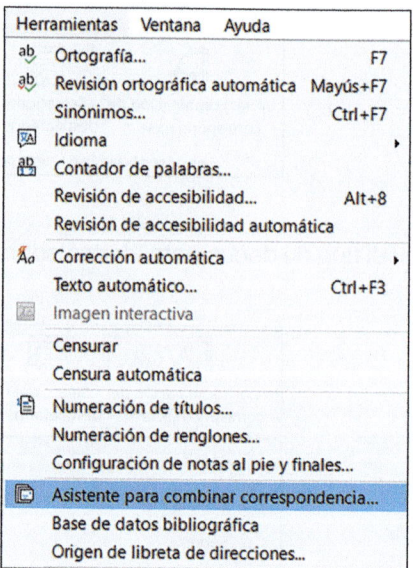

◑ Elegir el tipo de documento y la fuente de datos (normalmente, una hoja de cálculo o un archivo CSV):

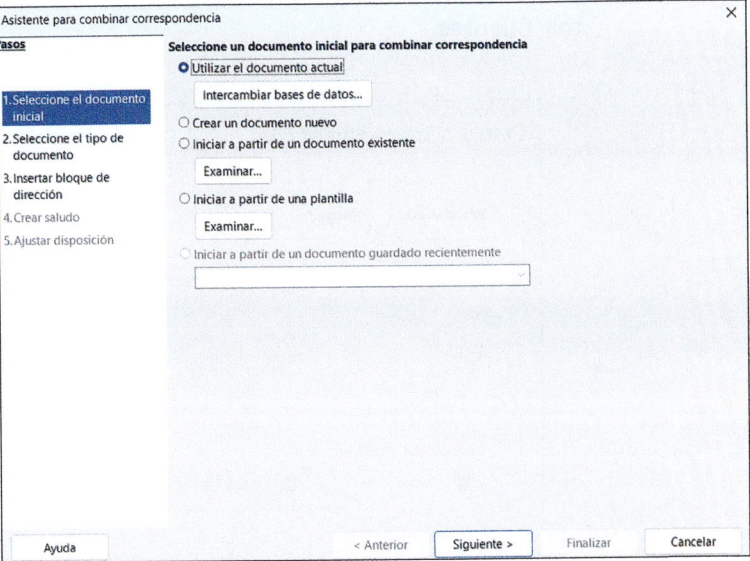

◑ Vincular los campos con los nombres de las columnas del archivo de datos.

● *Google Docs:*

◑ Instalar el complemento **Mail Merge** desde el menú **Extensiones → Complementos → Descargar complementos.**
◑ Crear una hoja de cálculo en *Google Sheets* con los campos necesarios (nombre, apellidos, dirección...):

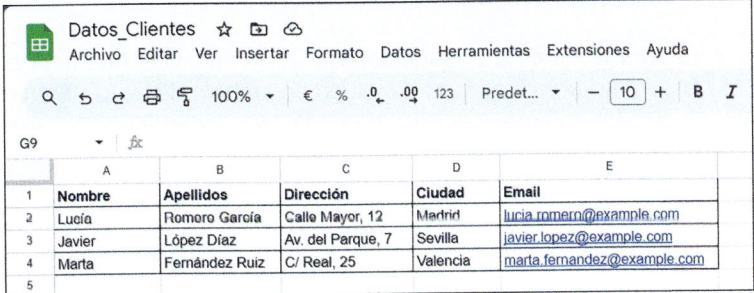

◑ Vincular la hoja con el documento de *Google Docs* para sustituir los campos automáticamente. Para ello:

⇕ **Extensiones → Mail Merge → Start → Open Spreadsheet → Da-tos_Clientes.**

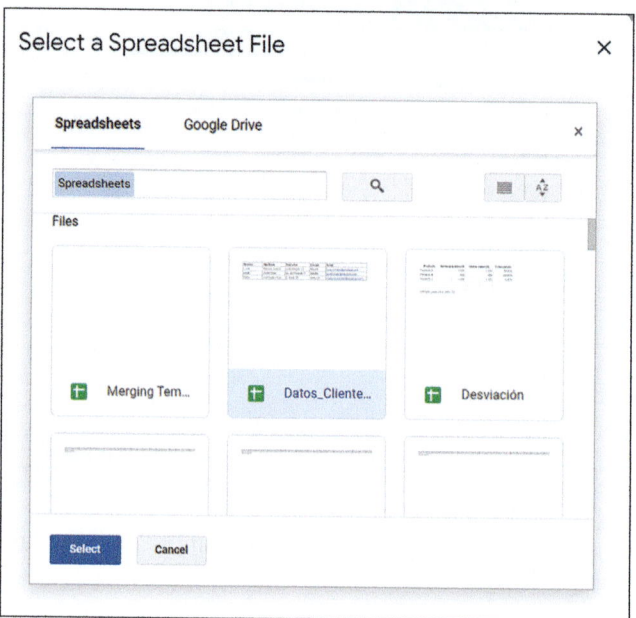

2.2. Creación de documentos modelo y fuentes de datos

El proceso comienza con la creación del **documento modelo,** que contiene el texto fijo de la comunicación (por ejemplo, "Estimado/a Nombre:") y los espacios reservados donde se insertarán los campos variables.

La **fuente de datos** puede ser una tabla de *Word,* una hoja de *Excel,* una base de datos de *Access* o incluso un archivo de texto CSV. Lo importante es que las columnas estén claramente identificadas con nombres de campo (como Nombre, Apellidos, Dirección, Email).

Como sabemos, primero se elige la fuente de datos y se vincula al docu-mento modelo. Después, mediante la opción **Insertar campo de combina-ción,** se colocan los campos en las posiciones deseadas del texto.

El resultado es un documento preparado para generar automáticamente decenas de versiones personalizadas con solo unos clics.

Aunque el procedimiento general de la combinación de correspondencia es similar en todos los procesadores, cada uno utiliza menús y complementos diferentes para configurar el documento modelo y vincular los datos.

El proceso en *Word 365* se realiza de forma guiada desde la pestaña **Correspondencia,** que reúne todas las opciones necesarias para crear, vincular y generar los documentos combinados:

1. Escribir el texto base de la carta o circular, dejando espacio para los campos variables (por ejemplo, nombre o dirección).
2. Ir a la pestaña **Correspondencia → Insertar campo combinado** y seleccionar el dato que se desea incluir, como **Nombre** o **Dirección:**

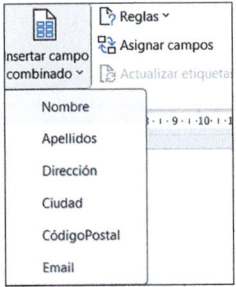

CENTRO FORMATIVO IC

C/ Gran Vía, 120 – 28013 Madrid
Tel. 91 555 32 10 · info@icformacion.com

Madrid, 15 de abril de 2025

Estimada/o «Nombre» «Apellidos»

Nos ponemos en contacto con usted para informarle de que su solicitud ha sido recibida correctamente y se encuentra en proceso de tramitación.

En caso de necesitar información adicional, puede dirigirse a nuestras oficinas situadas en **«Dirección»** o escribirnos al correo electrónico indicado.

Agradecemos su confianza y quedamos a su disposición para cualquier consulta.

Atentamente,
Juana Arcón
Coordinadora de Formación
Centro Formativo IC

---

3. Visualizar una vista previa con los datos reales desde la opción **Vista previa de resultados**:

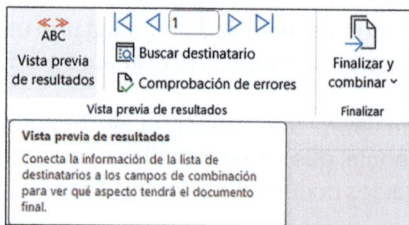

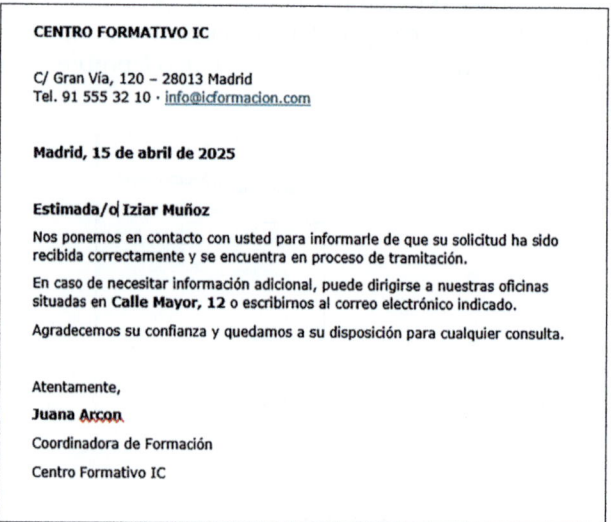

4. Cuando el documento esté correcto, guardar el archivo como **plantilla de combinación de correspondencia** para reutilizarlo en futuras comunicaciones.

5. Finalmente, elegir **Finalizar y combinar** → **Editar documentos individuales** para generar las copias personalizadas, o **Enviar mensajes de correo electrónico** si se desea enviar los documentos directamente:

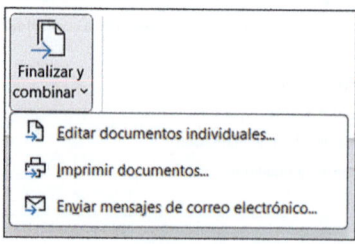

NOTA

Word 365 es ideal cuando se trabaja con bases de datos de *Excel* o *Access* y se necesita generar un gran volumen de documentos con un formato uniforme.

- -

LibreOffice incluye un **Asistente de combinación de correspondencia** que guía paso a paso en la creación del documento y su conexión con la fuente de datos.

El proceso es el siguiente:

1. Se debe abrir el documento que servirá como carta o plantilla base. A continuación, se accede al menú **Herramientas → Asistente para combinación de correspondencia.**

En la primera pantalla del asistente, se marca la opción **Utilizar el documento actual** y se pulsa **Siguiente** para continuar.

2. Tras seleccionar el tipo de documento, debemos ir a **Seleccionar lista de direcciones... → Añadir...** y se elige el archivo que contiene los datos (por ejemplo, "Lista_Direcciones_Combinacion.csv").

En la ventana de configuración, se deben ajustar los siguientes parámetros:

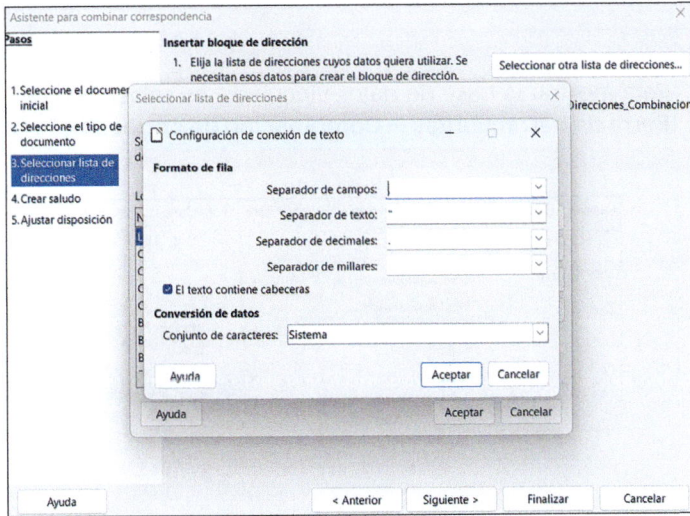

- Separador de campos: ,
- Separador de texto: **"**
- El texto contiene cabeceras: activado
- Conjunto de caracteres: **Sistema** o **Europa occidental**

Finalmente, se pulsa **Aceptar** hasta regresar al asistente y se continúa con **Siguiente.**

En el paso 4 de la imagen, **Crear saludo,** si el saludo ya está incluido en el documento, se desactiva la opción **Insertar saludo personalizado** y se pulsa **Siguiente → Finalizar:**

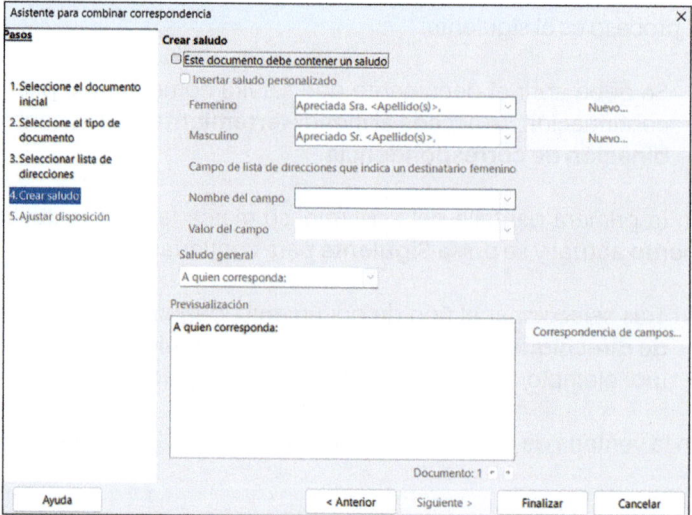

3. Para mostrar la base de datos vinculada, se selecciona el menú **Ver → Barra de herramientas → Combinación de correspondencia:**

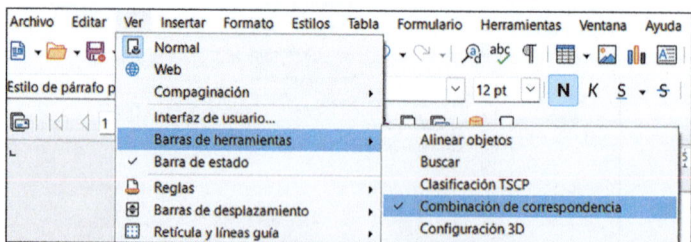

Después, hay que activar la opción **Orígenes de datos:**

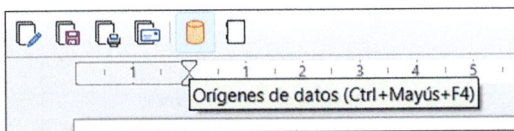

Aparece una tabla en la parte superior de la ventana con las columnas de la lista (por ejemplo, Nombre, Apellidos, Dirección y Correo):

4. Una vez visible la tabla con los campos, se coloca el cursor en el punto del texto donde deba insertarse la información (por ejemplo, sobre el marcador Nombre). A continuación, se arrastra desde la tabla superior:

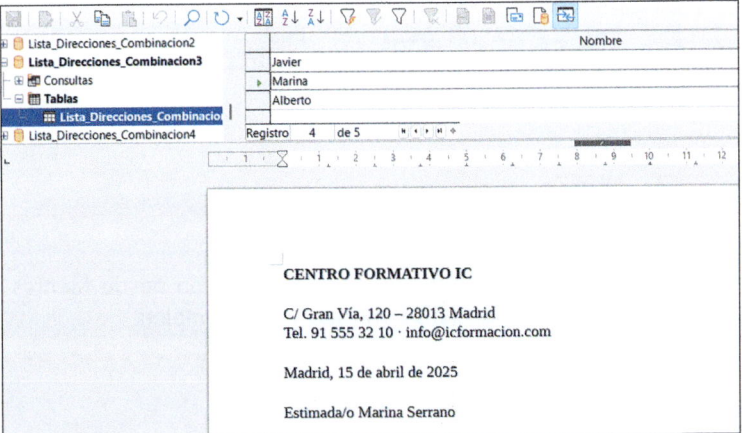

5. Una vez generadas las cartas o archivos, se recomienda conservar el modelo para futuras combinaciones seleccionando **Archivo → Plantillas → Guardar como plantilla → Documentos y correspondencia personal:**

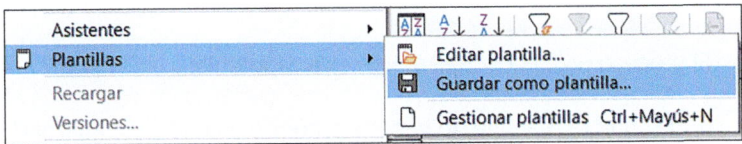

De esta manera, el documento quedará preparado para reutilizarlo con nuevas bases de datos o destinatarios.

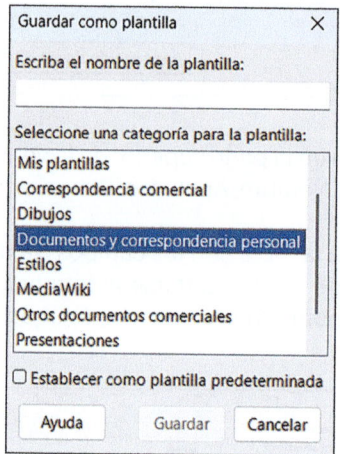

 **NOTA**

LibreOffice Writer permite combinar información desde fuentes locales sin conexión y es una alternativa gratuita y muy completa.

Como ya sabemos, en *Google Docs* la combinación de correspondencia se realiza mediante un **complemento externo,** ya que la herramienta no la incluye de forma nativa.

Los más utilizados son *Mail Merge by Quicklution, Mailmeteor* o *Publigo,* que funcionan vinculando una hoja de cálculo de *Google Sheets* con el documento.

El proceso utilizando *Mail Merge* es el siguiente:

1. Escribir la plantilla de la carta o correo electrónico, utilizando etiquetas entre corchetes dobles para marcar los datos variables (por ejemplo, {{Nombre}} o {{Correo}}).

Una vez escrita la plantilla, hay que pulsar **Start** en el menú **Mail Merge** para iniciar el proceso de combinación.

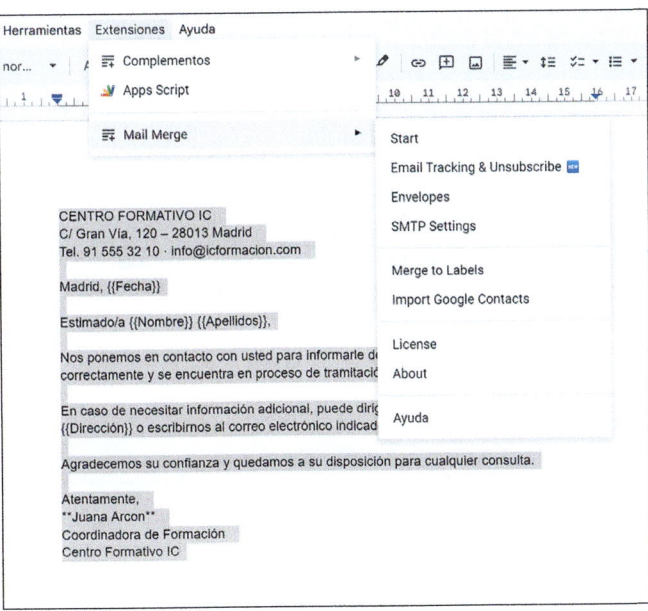

2. Abrir el panel lateral del complemento y vincular la hoja de cálculo con los datos (por ejemplo, Datos_Clientes):

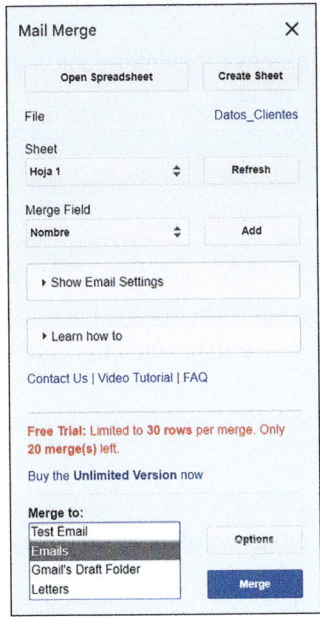

En **Sheets,** elige la hoja (normalmente "Hoja 1").

Asegúrate de que todos los campos (**Nombre, Apellidos, Dirección, Fecha**) aparecen correctamente:

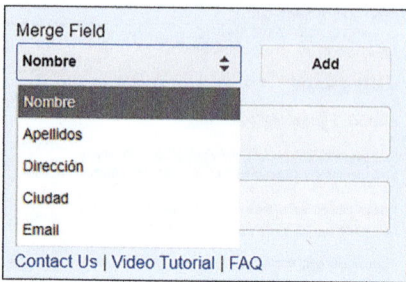

3. Seleccionar el tipo de salida (**Merge to):**

   ◑ **Letters:** genera documentos personalizados en *Google Drive.*
   ◑ **Emails:** envía correos individualizados desde *Gmail.*
   ◑ **Test Email:** crea una versión de prueba para comprobar el resultado.

4. Haz clic en el botón **Merge** (azul) para ejecutar la combinación y generar automáticamente las cartas, etiquetas o correos personalizados.

El complemento procesará la información y generará un documento para cada registro de la tabla.

NOTA

Google Docs resulta muy útil para combinaciones sencillas en entornos colaborativos, ya que permite trabajar directamente en la nube y compartir plantillas con otros usuarios.

2.3. Generación de cartas o etiquetas personalizadas

Una vez configurado el documento modelo y vinculada la base de datos, se procede a la combinación final.

Desde el menú **Correspondencia** se puede optar por diferentes salidas:

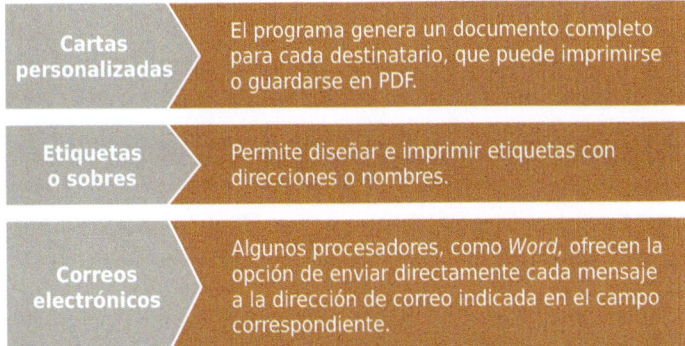

Cartas personalizadas	El programa genera un documento completo para cada destinatario, que puede imprimirse o guardarse en PDF.
Etiquetas o sobres	Permite diseñar e imprimir etiquetas con direcciones o nombres.
Correos electrónicos	Algunos procesadores, como *Word*, ofrecen la opción de enviar directamente cada mensaje a la dirección de correo indicada en el campo correspondiente.

La finalidad es obtener copias uniformes en formato y diseño, pero adaptadas a cada destinatario, ya sea en formato impreso, digital o como correo electrónico.

El método de generación varía ligeramente según el procesador:

● **Word 365.** En *Word 365,* la combinación se completa desde la pestaña **Correspondencia → Finalizar y combinar,** donde se puede optar entre Editar documentos individuales, Imprimir o Enviar mensajes de correo electrónico.

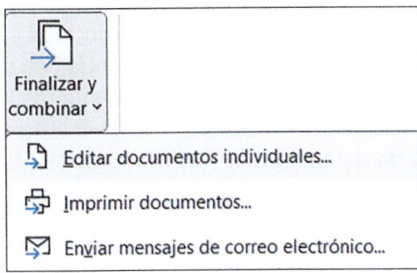

Editar documentos individuales:

◊ Crea un nuevo archivo de *Word* con todas las cartas combinadas.
◊ Cada destinatario aparece en una página distinta, pero dentro del mismo documento.

Imprimir documentos:

◔ Envía directamente las cartas a la impresora, una por cada registro de la base de datos.
◔ *Word* sustituye automáticamente los campos variables por los datos reales.

Enviar mensajes de correo electrónico:

◔ Envía los documentos por correo electrónico a los destinatarios indicados en el campo del *e-mail* de la base de datos.

➲ **Writer.** En *LibreOffice Writer,* la creación de los documentos se realiza desde la barra de herramientas de combinación, mediante el icono **Editar documentos individuales.** Este comando genera un archivo con todas las copias personalizadas, listas para revisar, imprimir o exportar a PDF:

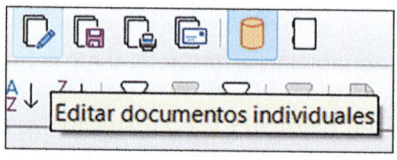

El modelo puede guardarse como plantilla para futuras combinaciones a través de **Archivo → Plantillas → Guardar como plantilla → Documentos y correspondencia personal.**
➲ **Google Docs.** En *Google Docs,* utilizando el complemento **Mail Merge,** se selecciona la hoja de cálculo vinculada y se pulsa **Merge** en el panel lateral. El complemento crea un documento distinto para cada registro o, si se selecciona la opción **Emails,** los envía automáticamente desde *Gmail.* Si la base de datos contiene los campos Nombre, Apellidos y Dirección, el sistema generará automáticamente una carta o etiqueta para cada registro, sustituyendo las etiquetas ({{Nombre}}, {{Apellidos}}, {{Dirección}}) por los datos reales.

El resultado final son documentos personalizados, homogéneos y listos para distribución o envío electrónico.

◉ EJEMPLO

El archivo "Lista_Direcciones.csv" constituye la fuente de datos que se utilizará en el proceso de combinación de correspondencia.

En él se almacenan los campos necesarios para personalizar las cartas mediante el procesador de texto.

El documento contiene una fila de encabezado que identifica cada campo, seguida de varias filas con los datos correspondientes a cada destinatario.

Nombre	Apellidos	Dirección
Lucía	Fernández López	C/ Alcalá, 25 – Madrid
Javier	Torres Ruiz	Av. del Cid, 80 – Valencia
Carmen	Díaz Gómez	C/ Real, 12 – Sevilla
Marcos	Pérez Sánchez	Av. de Goya, 15 – Zaragoza
Elena	Martín Vega	C/ Mayor, 47 – Bilbao

El archivo está guardado con la extensión .csv (valores separados por comas):

- Nombre,Apellidos,Dirección,Ciudad,Código Postal,Email
- Lucía,Fernández López,"C/ Alcalá, 25",Madrid,28014,lucia.fernandez@email.com
- Javier,Torres Ruiz,"Av. del Cid, 80",Valencia,46018,jtorres@email.com
- Carmen,Díaz Gómez,"C/ Real, 12",Sevilla,41001,carmen.diaz@email.com
- Marcos,Pérez Sánchez,"Av. de Goya, 15",Zaragoza,50006,marcos.perez@email.com
- Elena,Martín Vega,"C/ Mayor, 47",Bilbao,48001,elena.martin@email.com

Los encabezados deben escribirse sin tildes ni caracteres especiales, para evitar errores de lectura durante la vinculación.

Cada campo (columna) representa un dato variable que será sustituido automáticamente en el documento modelo.

Se recomienda que los datos estén correctamente escritos y sin espacios innecesarios antes o después de las comas.

Continúa en página siguiente >>

<< Viene de página anterior

Una vez que el archivo "Lista_Direcciones.csv" está correctamente creado y guardado, el siguiente paso consiste en vincularlo y utilizarlo en *Word* para generar los documentos personalizados.

Se debe abrir el documento de *Word* que servirá como plantilla base para la correspondencia.

Este documento contiene el texto común para todos los destinatarios, dejando espacios donde se insertarán los campos variables (por ejemplo, nombre, apellidos o dirección).

Ejemplo del texto base:

CENTRO FORMATIVO IC
C/ Gran Vía, 120 – 28013 Madrid
Tel. 91 555 32 10 · info@icformacion.com
Madrid, 15 de abril de 2025

Estimada/o Nombre Apellidos:

Nos ponemos en contacto con usted para informarle de que su solicitud ha sido recibida correctamente y se encuentra en proceso de tramitación.

En caso de necesitar información adicional, puede dirigirse a nuestras oficinas situadas en Dirección o escribirnos al correo electrónico indicado.

Atentamente,

Juana Arcón
Coordinadora de Formación
Centro Formativo IC

Desde la pestaña **Correspondencia,** se debe seleccionar la opción **Seleccionar destinatarios → Usar una lista existente.**

Luego, hay que buscar y abrir el archivo "Lista_Direcciones.csv".

Word detectará automáticamente los encabezados del archivo (Nombre, Apellidos, Dirección) y los asociará como campos disponibles.

Continúa en página siguiente >>

<< Viene de página anterior

Una vez vinculada la lista, los campos se pueden insertar desde:

Correspondencia → Insertar campo combinado

Se colocará el cursor en cada posición correspondiente del texto y se insertarán:

- Nombre
- Apellidos
- Dirección

De este modo, el texto se personalizará automáticamente con los datos del archivo.

Para comprobar que la combinación está funcionando correctamente:

Correspondencia → Vista previa de resultados

Word sustituirá los campos por los valores reales del primer registro (por ejemplo, "Lucía Fernández López, C/ Alcalá, 25 – Madrid").

Se puede navegar entre los registros mediante las flechas "«" y "»" situadas en la misma pestaña.

Una vez revisado el documento, se debe acceder a:

Correspondencia → Finalizar y combinar

Y elegir, por ejemplo, la opción **Editar documentos individuales** para generar un nuevo archivo con todas las cartas, una por cada registro:

TAREA 5

Un centro de alquiler de autocaravanas necesita enviar una comunicación a varios clientes para confirmar que sus reservas han sido registradas correctamente. Para agilizar el proceso, se propone crear una base de datos sencilla con la información de los clientes y generar automáticamente las cartas personalizadas utilizando una herramienta de combinación de correspondencia.

Elabora una tabla con los datos de cinco clientes que hayan realizado una reserva, donde los campos mínimos sean:

Nombre	Apellidos	Dirección	Fecha de reserva	Modelo de autocaravana

Cada fila representará un cliente distinto, con información realista y coherente (nombre, ciudad, fecha, modelo, etc.).

Redacta una carta formal en la que el centro confirme la recepción de la reserva. El texto incluirá espacios reservados para insertar los datos variables de cada cliente.

Ejemplo orientativo:

Autocaravanas Ruta Libre
C/ Camino del Sol, 45 – 28050 Madrid
Tel. 91 654 32 10 · info@rutalibre.com
Madrid, [Fecha de hoy]

Estimado/a Nombre Apellidos:

Nos complace informarle de que hemos recibido su solicitud de reserva del modelo Modelo de autocaravana, realizada el día Fecha de reserva.

Nuestro equipo confirmará los detalles finales de entrega en la dirección Dirección en los próximos días.

Agradecemos su confianza y quedamos a su disposición para cualquier consulta adicional.

Continúa en página siguiente >>

<< Viene de página anterior

Atentamente,

Equipo de Atención al Cliente

Autocaravanas Ruta Libre

Vincula el documento con la tabla creada previamente, empleando la herramienta de combinación de correspondencia del procesador que elija. Una vez vinculados, los campos de la base deberán insertarse en las posiciones correspondientes del texto.

Con la combinación ya configurada, se generarán las cartas personalizadas para cada cliente, comprobando que los datos aparecen correctamente en cada una.

Puedes optar por crear un único archivo con todas las cartas o un documento independiente por destinatario.

- -

3. Comparación de documentos

☞ HILO CONDUCTOR

Durante la revisión de un informe, Rocío recibe varias versiones modificadas por sus compañeros. Para evitar errores, utiliza la función de comparar documentos, que muestra las diferencias y permite aceptar o rechazar los cambios. Así mantiene el control de versiones y obtiene un texto final coherente y actualizado.

- -

En los entornos colaborativos es habitual que varias personas trabajen sobre un mismo texto, lo que genera múltiples versiones.

La función de **comparación de documentos** permite identificar las diferencias entre dos archivos y decidir qué cambios incorporar.

Esta herramienta facilita el control de versiones, evita confusiones y ayuda a mantener la coherencia del documento final. Su uso resulta especialmente útil en informes, contratos o propuestas donde intervienen varios revisores.

3.1. Identificación de cambios y control de versiones

La comparación de documentos permite **detectar automáticamente las diferencias** entre dos versiones del mismo archivo.

El programa analiza ambos textos y muestra los cambios en formato visual: palabras añadidas, eliminadas o modificadas aparecen marcadas con colores o subrayados.

De esta manera, se puede revisar de un vistazo qué modificaciones ha realizado cada persona y mantener un **control de versiones ordenado,** garantizando que nadie trabaje sobre un texto desactualizado o incompleto.

Para comparar documentos y revisar sus diferencias, cada procesador de textos dispone de su propia herramienta integrada que permite identificar cambios y mantener el control de versiones:

➲ *Word 365.* Pestaña **Revisar → Comparar → Comparar** dos versiones de un documento:

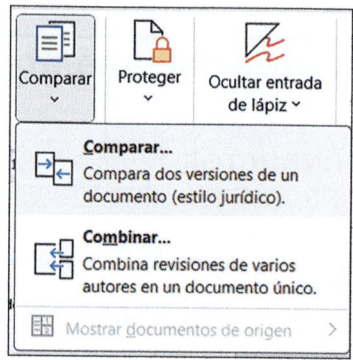

Descripción de la imagen: En la imagen aparece el menú de comparación y combinación de documentos en *Microsoft Word.*

● *Writer.* Menú **Editar → Control de cambios → Comparar documento,** seleccionando la versión a analizar:

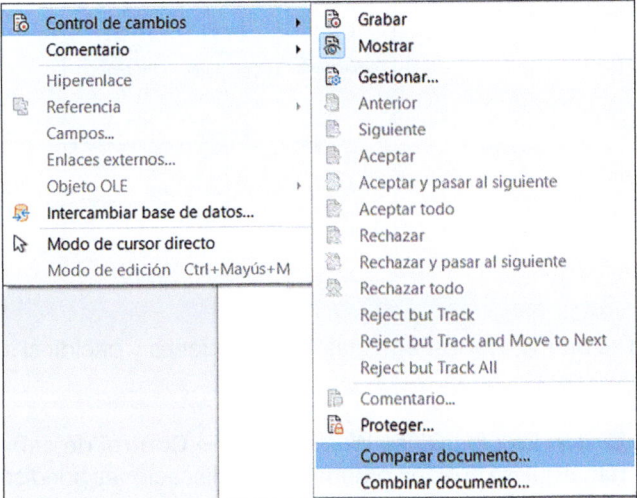

● *Google Docs.* Menú **Archivo → Historial de versiones → Ver historial de versiones,** donde se muestran las modificaciones por usuario y fecha:

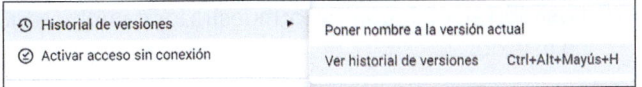

3.2. Aceptación o rechazo de modificaciones

Una vez identificadas las diferencias, el usuario puede aceptar o rechazar cada cambio de forma individual o global.

Este proceso ayuda a mantener la calidad del documento y asegura que la versión final refleje únicamente las correcciones aprobadas, evitando duplicidades o errores:

⮞ **Word 365.** En *Word,* por ejemplo, esta función se encuentra en la pestaña **Revisar → Seguimiento → Control de cambios:**

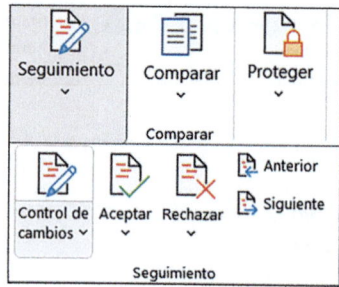

Allí se puede avanzar entre las modificaciones y decidir si se incorporan al texto o se descartan.

⮞ **Writer.** En *LibreOffice Writer:* **Editar → Control de cambios → Gestionar.** Aquí, se pueden ordenar las modificaciones por distintos criterios:

- ☋ **Acción:** muestra las modificaciones según el tipo (inserciones, eliminaciones, etc.).
- ☋ **Autor:** agrupa los cambios según la persona que los realizó.
- ☋ **Fecha:** ordena las modificaciones cronológicamente.
- ☋ **Comentario:** clasifica los cambios si se han añadido observaciones.
- ☋ **Posición en el documento:** muestra los cambios según su ubicación en el texto.

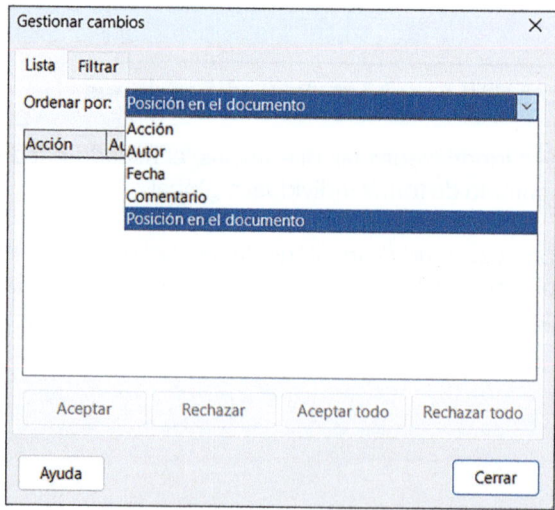

Una vez revisados, se pueden aceptar o rechazar desde los botones inferiores (**Aceptar, Rechazar, Aceptar todo, Rechazar todo**).
Esto permite limpiar el documento y dejar solo las versiones definitivas aprobadas.

➲ **Google Docs.** En *Google Docs* cada cambio se muestra con un comentario; puede aceptarse o descartarse desde el botón de verificación o la **X** en el lateral derecho.

3.3. Integración de revisiones en un documento final

Tras revisar todas las versiones y aceptar las modificaciones pertinentes, el siguiente paso es **integrar las revisiones en un único documento definitivo.**

El procesador de texto crea una copia consolidada que incluye los cambios validados, eliminando las marcas de revisión.

El resultado es un texto limpio, actualizado y coherente, listo para su envío, publicación o archivo.

De esta forma, se garantiza que el documento final sea una versión única, precisa y aprobada por todas las partes implicadas:

➲ **Word 365.** Seleccionar Aceptar todos los cambios → Aceptar y detener el seguimiento.
➲ **Writer.** En este caso, el procedimiento sería:

  ◔ **Editar → Control de cambios → Grabar** (para activar el seguimiento). Y cuando se desee consolidar, el texto:
  ◔ **Editar → Control de cambios → Aceptar todo** (para aplicar todas las modificaciones registradas y limpiar el documento).

➲ **Google Docs.** Una vez aprobados todos los comentarios, el documento se guarda automáticamente como versión final.

ACTIVIDAD COMPLEMENTARIA

3. Analiza la utilidad de la función de comparación de documentos en el trabajo colaborativo y reflexionarás sobre cómo ayuda a mantener la coherencia y el control de versiones cuando varias personas editan un mismo texto.

¿Por qué es importante utilizar la función de comparar documentos en entornos donde varias personas editan el mismo archivo?

¿Qué ventajas tiene aceptar o rechazar los cambios de manera individual en lugar de hacerlo de forma global?

Imagina que formas parte de un equipo que revisa un contrato: ¿cómo organizarías el proceso de revisión y validación de los cambios para asegurar que todos los miembros trabajen con la versión definitiva?

---

4. Guardado estructurado de resultados

 HILO CONDUCTOR

Una vez finalizado el trabajo, Rocío debe guardar los documentos de forma ordenada y clara. Aprende a crear carpetas por proyecto, usar nombres uniformes y revisar el contenido antes del archivo definitivo. De este modo, se asegura de que la información esté siempre disponible y bien organizada.

El trabajo con documentos digitales requiere una **gestión ordenada de los archivos** para evitar pérdidas, duplicados o confusiones.

Guardar los resultados de forma estructurada implica establecer un sistema de carpetas, nombres coherentes y procedimientos de revisión antes del almacenamiento definitivo.

IMPORTANTE

Una buena organización facilita la localización rápida de los documentos y contribuye a la seguridad de la información.

4.1. Creación de carpetas por proyecto o cliente

Organizar **los archivos en carpetas diferenciadas** por proyecto, cliente o tema es una práctica fundamental para mantener el orden.

Cada **carpeta principal** debe tener un nombre claro y coherente, por ejemplo: Cliente_RutaLibre, Proyecto_Formación2025 o Campaña_Verano.

Dentro de cada carpeta, se pueden crear **subcarpetas específicas** para clasificar los distintos tipos de documentos, como:

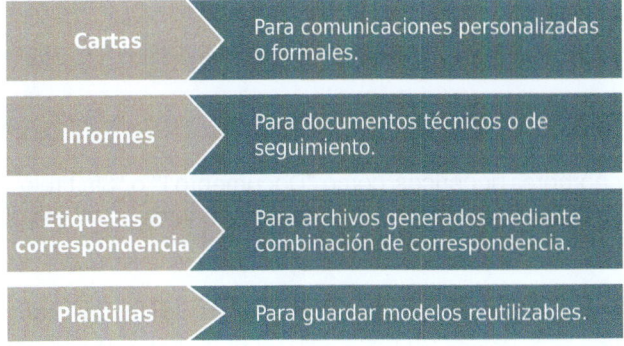

Este método permite clasificar los documentos de forma lógica y facilita su recuperación posterior, especialmente cuando se trabaja con grandes volúmenes de información o en equipo.

NOTA

En entornos de oficina o teletrabajo, esta organización puede aplicarse tanto en el almacenamiento local (ordenador o disco externo) como en plataformas en la nube *(Google Drive, OneDrive, Dropbox,* etc.), asegurando acceso rápido, copia de seguridad automática y control de versiones.

- -

4.2. Asignación de nombres uniformes a los archivos

El nombre de un archivo debe ser **descriptivo y coherente** con su contenido. Se recomienda incluir información como el tipo de documento, el asunto y la fecha.

EJEMPLO

"Carta_Clientes_Marzo2025.docx" o "Informe_Ventas_Q2_2025.pdf".

- -

Evitar nombres genéricos, como "Documento1" o "Sin título", ayuda a identificar rápidamente el archivo correcto y a mantener una estructura uniforme en todo el sistema de almacenamiento.

En *Word* y *Writer,* se escribe el nombre en el cuadro **Guardar como.** En *Google Docs,* basta con hacer clic en el título del documento, en la parte superior izquierda, y escribir el nombre.

4.3. Revisión antes del envío o archivo definitivo

Antes de dar por finalizado cualquier documento y proceder a su envío o archivado, es fundamental realizar una **revisión exhaustiva** que asegure su calidad, precisión y presentación profesional. Este proceso final evita errores costosos, pérdida de información o confusiones posteriores, especialmente cuando se trabaja con documentación administrativa, comercial o legal.

La revisión debe incluir varios aspectos clave:

Comprobación del contenido
Se debe leer el texto completo, asegurando que no haya errores ortográficos, gramaticales o de redacción, y que toda la información sea coherente y esté actualizada.

Verificación del formato y de los datos personales
Se revisa que el diseño del documento (márgenes, tipo de letra, encabezados, numeración, logotipos, etc.) sea uniforme y profesional. Además, se debe comprobar que los datos personales o confidenciales sean correctos.

Confirmación del nombre y de la ubicación del archivo
Antes de guardar, es recomendable asignar un nombre descriptivo y coherente y asegurarse de que se guarda en la carpeta correcta del proyecto o cliente. Esto facilita la localización posterior y evita duplicidades.

Además, es recomendable realizar **copias de seguridad periódicas** para proteger la información frente a fallos técnicos o pérdidas accidentales.

 ## ACTIVIDAD 3

Rocío ha terminado los documentos del proyecto Campaña_Verano y debe guardarlos en su equipo de forma ordenada. Dispone de la carpeta principal Campaña_Verano y, dentro de ella, tres subcarpetas: Informes, Cartas y Plantillas. Antes de archivar, revisa los nombres y la ubicación de los archivos.

¿Cuál de las siguientes acciones demuestra que Rocío ha guardado los documentos realizados en el lugar indicado, cumpliendo las normas de organización y de archivo digital?

a. Guardar los archivos directamente en Descargas, sin crear subcarpetas, para localizarlos más rápidamente.
b. Guardar todos los documentos en la carpeta Documentos generales, sin distinguir por tipo o proyecto.
c. Asignar nombres claros, como "Informe_Ventas_Julio2025.pdf" y "Carta_Cliente_Agosto2025.docx", guardándolos en sus subcarpetas correspondientes dentro de Campaña_Verano.
d. Dejar los archivos abiertos sin guardar, para retomarlos más tarde.

5. Resumen

La **combinación de correspondencia** es una herramienta especialmente útil cuando se deben enviar múltiples comunicaciones personalizadas, como cartas, certificados o correos electrónicos. En lugar de redactar cada mensaje uno por uno, se puede **automatizar** el proceso mediante la **combinación de correspondencia:**

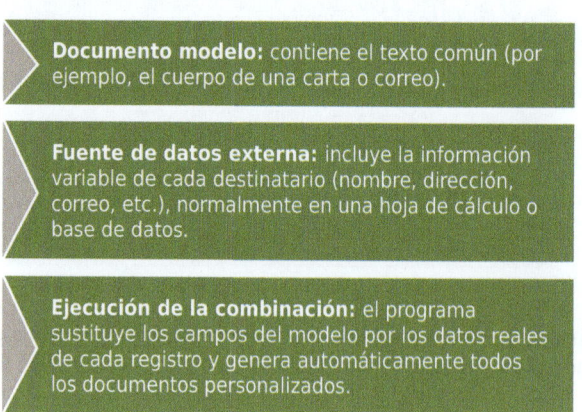

Documento modelo: contiene el texto común (por ejemplo, el cuerpo de una carta o correo).

Fuente de datos externa: incluye la información variable de cada destinatario (nombre, dirección, correo, etc.), normalmente en una hoja de cálculo o base de datos.

Ejecución de la combinación: el programa sustituye los campos del modelo por los datos reales de cada registro y genera automáticamente todos los documentos personalizados.

La función de comparar permite identificar las diferencias entre dos versiones de un documento, mostrando de forma visual las palabras añadidas, eliminadas o modificadas. Esto facilita revisar los cambios sin confusión y decidir cuáles aceptar o rechazar. Gracias a ello, es posible gestionar de manera ordenada la evolución de un documento.

Una vez finalizadas las tareas de combinación o revisión, conviene **guardar los documentos de manera estructurada y coherente:**

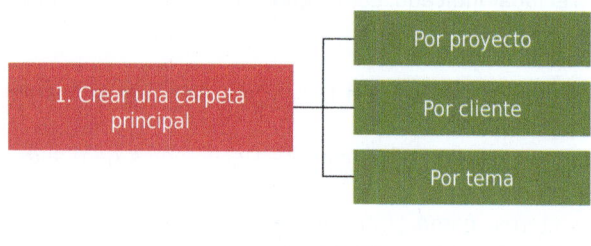

1. Crear una carpeta principal

Por proyecto

Por cliente

Por tema

Continúa en página siguiente >>

<< Viene de página anterior

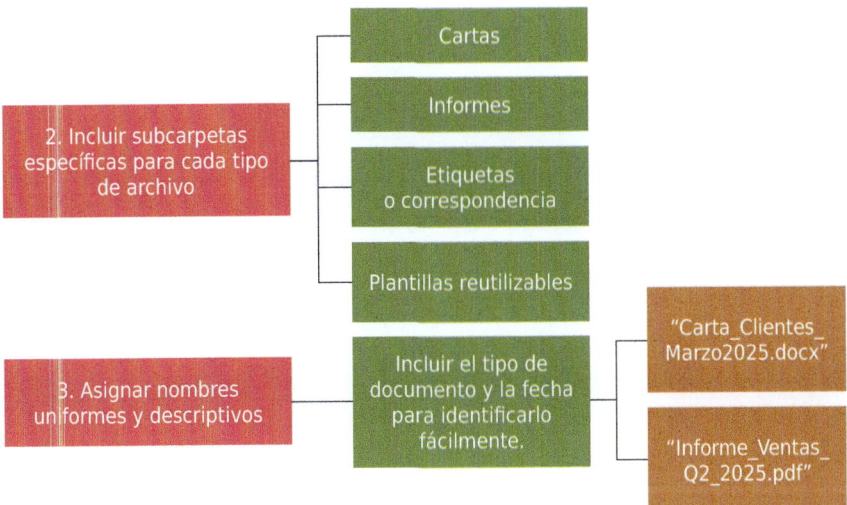

Esta organización facilita la **búsqueda y el orden,** tanto en el almacenamiento local como en la nube.

Antes de archivar o enviar cualquier archivo, conviene realizar una **revisión final** del texto, verificando la ortografía, el formato, la corrección de los datos personales y la ubicación del archivo dentro del sistema.

Ejercicios de autoevaluación
Unidad de Aprendizaje 4

1. ¿Cuál es la finalidad principal de la combinación de correspondencia?

    a. Insertar imágenes en una carta.
    b. Generar automáticamente documentos personalizados con datos de una base.
    c. Crear carpetas y subcarpetas.
    d. Revisar ortografía en varias versiones.

2. ¿Qué elemento contiene los campos variables en una combinación?

    a. El documento final combinado
    b. La plantilla de *Word*
    c. La fuente de datos (como una hoja de *Excel* o un archivo CSV)
    d. El menú de correspondencia

3. En la combinación de correspondencia de *Microsoft Word 365,* el comando que genera las copias finales es:

    a. Insertar campo combinado
    b. Vista previa de resultados
    c. Finalizar y combinar → Editar documentos individuales
    d. Revisar cambios

4. ¿Qué permite la función de comparar documentos en un procesador de texto?

    a. Dividir una carta en secciones.
    b. Ocultar datos personales.
    c. Identificar diferencias entre dos versiones y decidir qué cambios aceptar.
    d. Convertir un documento en plantilla.

5. En la comparación de documentos, ¿qué opción permite aceptar o rechazar modificaciones en *Word*?

    a. Correspondencia → Combinar
    b. Vista → Diseño
    c. Revisar → Seguimiento → Control de cambios
    d. Insertar → Referencia cruzada

6. ¿Qué práctica demuestra una buena organización al guardar resultados?

    a. Dejar todos los archivos en Descargas.
    b. Nombrarlos como "Documento1", "Final", "Nuevo2".
    c. Crear carpetas por proyecto y nombrar los archivos de forma clara y coherente.
    d. Copiar los documentos en el escritorio para tenerlos a mano.

7. ¿Por qué es importante revisar el documento antes del archivo definitivo?

    a. Porque cambia el tamaño del archivo.
    b. Porque mejora la conexión con la nube.
    c. Para asegurar calidad, exactitud y coherencia del contenido antes de guardarlo.
    d. Para reducir su peso al mínimo.

8. Indica si las siguientes oraciones son verdaderas o falsas:

    a. La combinación de correspondencia permite insertar automáticamente datos como nombre o dirección desde una base.

        ■ Verdadero
        ■ Falso

    b. Cada destinatario recibe un documento con un formato diferente al resto.

        ■ Verdadero
        ■ Falso

   c. Se pueden combinar tanto cartas como etiquetas o correos electrónicos.

- ■ Verdadero
- ■ Falso

9. Indica si las siguientes oraciones son verdaderas o falsas:

   a. La comparación de documentos ayuda a evitar confusiones entre versiones.

- ■ Verdadero
- ■ Falso

   b. Aceptar todos los cambios sin revisar garantiza la precisión del texto final.

- ■ Verdadero
- ■ Falso

   c. En *Google Docs,* el historial de versiones permite ver quién modificó el documento.

- ■ Verdadero
- ■ Falso

10. Indica si las siguientes oraciones son verdaderas o falsas:

   a. Guardar documentos en carpetas por proyecto ayuda a mantener el orden.

- ■ Verdadero
- ■ Falso

   b. No es necesario revisar el formato o los datos personales antes de archivar.

- ■ Verdadero
- ■ Falso

Elaboración de tablas e inserción de objetos

Contenido

Objetivos

Los objetivos específicos de esta Unidad de Aprendizaje son:

→ Crear tablas para organizar información en filas y columnas.

→ Insertar imágenes y objetos gráficos dentro de los documentos.

→ Saber aplicar formato y diseño a tablas e ilustraciones.

1. Introducción

Tras aprender a combinar documentos, revisar versiones y guardar archivos de forma organizada, llega el momento de mejorar la presentación visual de los textos. En muchos entornos administrativos y formativos no basta con escribir correctamente: también se espera entregar documentos claros, ordenados y visualmente atractivos. Para ello, los procesadores de texto disponen de herramientas que permiten incluir tablas, imágenes, iconos y otros elementos gráficos que refuerzan el contenido y facilitan la lectura.

En esta unidad aprenderemos a crear y modificar tablas, insertar objetos visuales y aplicar estilos de diseño para lograr documentos más completos, equilibrados y profesionales. También veremos cómo combinar texto con ilustraciones sin perder legibilidad y cómo preparar el archivo final para su exportación o impresión.

Seguiremos a Rocío mientras explora nuevas herramientas que le permitirán transformar un documento sencillo en un material visualmente atractivo y adecuado para presentaciones, informes, manuales o comunicaciones internas.

2. Creación y formato de tablas

 HILO CONDUCTOR

Durante la preparación de un informe con datos organizados, Rocío observa que listar la información en forma de párrafo dificulta su comprensión. Su tutora le muestra la utilidad de las tablas para clasificar y presentar datos, ya sean listados, horarios, entregas o comparativas. Mediante filas y columnas, Rocío aprende a insertar tablas, modificar su estructura y aplicar un estilo visual coherente con el resto del documento.

Las **tablas** son herramientas diseñadas para organizar información de forma ordenada mediante **filas y columnas**. Resultan especialmente útiles cuando se trabaja con datos que necesitan clasificarse, compararse o visualizarse con claridad.

Su uso ayuda a evitar listas extensas, párrafos confusos o desorden visual dentro del documento.

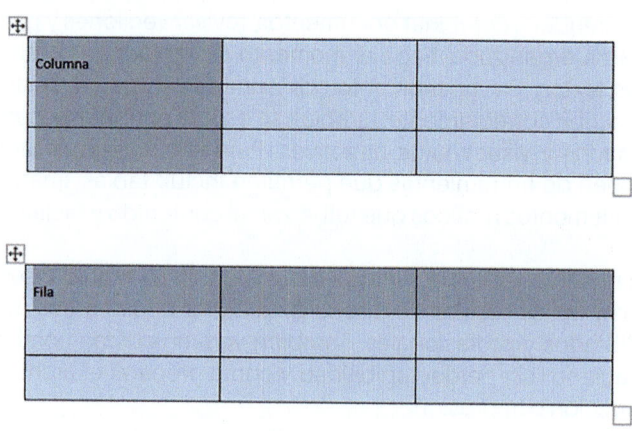

La selección de filas o columnas facilita modificar, aplicar formato o realizar acciones sobre partes específicas de una tabla sin afectar al resto del contenido.

Además de insertar tablas, es posible ajustar su tamaño, modificar el número de filas y columnas y reorganizar la información según sea necesario. También se puede aplicar formato visual mediante bordes, sombreados, colores o estilos prediseñados, con el fin de mejorar la presentación y resaltar datos relevantes.

NOTA

El objetivo es obtener una tabla equilibrada, clara y coherente con el resto del documento, donde cada dato esté correctamente ubicado y resulte fácil de identificar.

2.1. Inserción y modificación de tablas

La inserción de tablas permite **organizar información** de forma estructurada dentro del documento. Una vez creada, la tabla puede **redimensionarse,** se pueden **añadir o eliminar filas y columnas,** y puede **moverse dentro del documento** según sea necesario.

A continuación, se muestra el procedimiento básico en cada procesador de texto:

➲ *Word:*

1. Ir a la pestaña **Insertar.**
2. Seleccionar **Tabla.**
3. Elegir el número de filas y columnas mediante el selector visual o usar **Insertar tabla:**

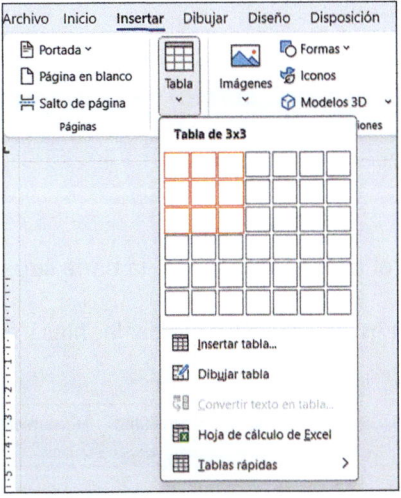

4. Para modificar la tabla, se pueden usar las herramientas del menú contextual que aparece al seleccionarla:

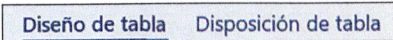

⇕ Diseño de tabla:

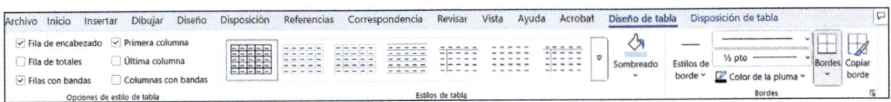

La selección de estilos y bordes ayuda a destacar información relevante y a mantener una estética profesional

⇕ Propiedades de tabla:

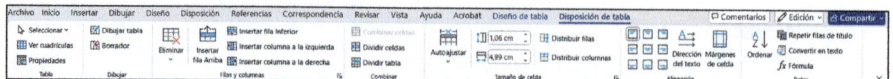

*La pestaña **Disposición** gestiona filas, columnas, celdas y ajustes de tamaño para optimizar la organización del contenido.*

5. Se puede arrastrar desde los bordes para cambiar el tamaño:

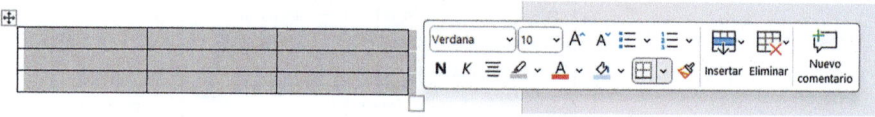

➲ **Writer:**

1. Abrir el menú **Tabla** desde la barra superior o mediante el icono directo.
2. Elegir **Insertar tabla** e indicar las filas y columnas:

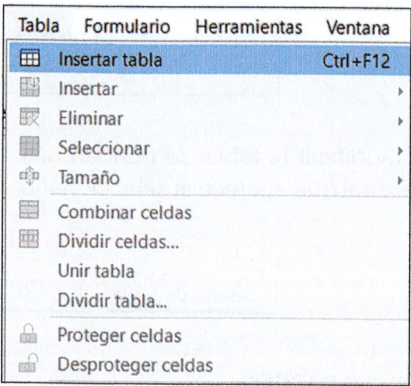

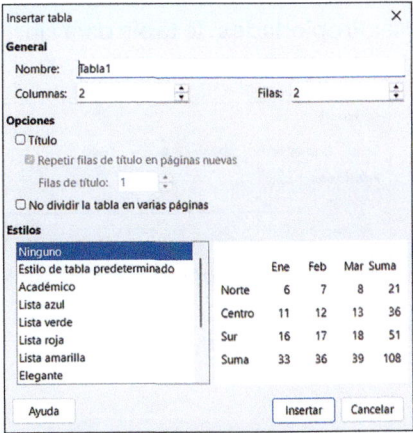

3. Para modificar:

⇕ **Tabla → Insertar → Filas/Columnas o Eliminar filas/columnas:**

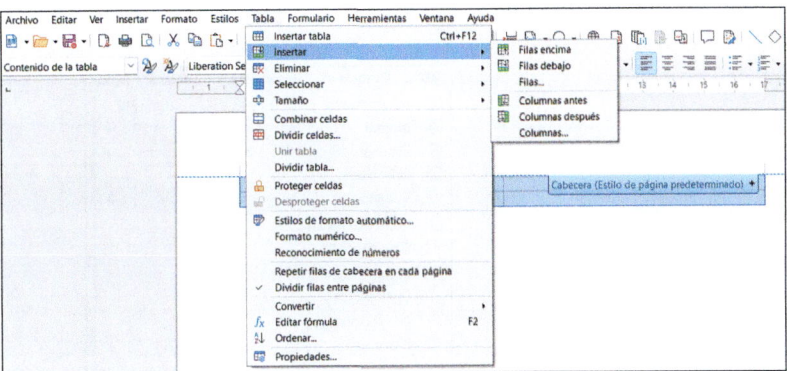

↕ Usar **Propiedades de tabla** para ajustes más avanzados:

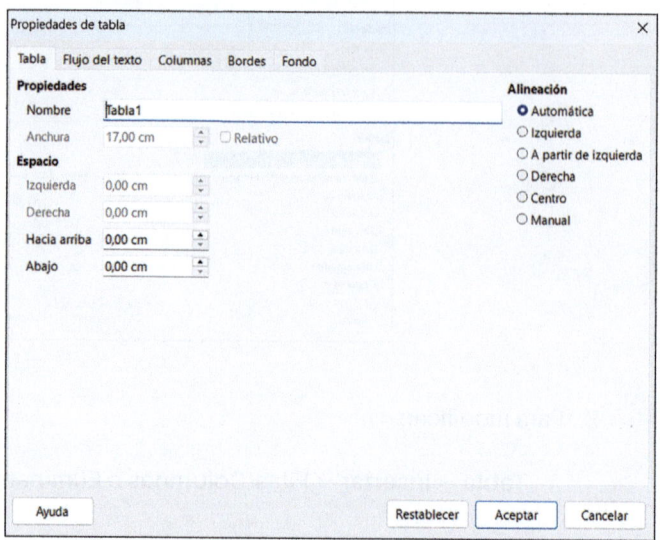

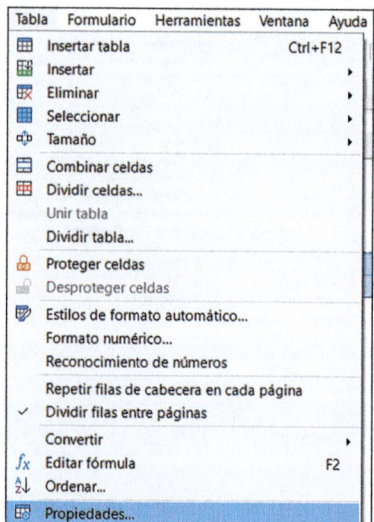

4. Se puede ajustar el tamaño arrastrando los bordes o desde el cuadro de propiedades.

➲ *Google Docs:*

1. Seleccionar **Insertar → Tabla** y arrastrar para elegir las filas y columnas:

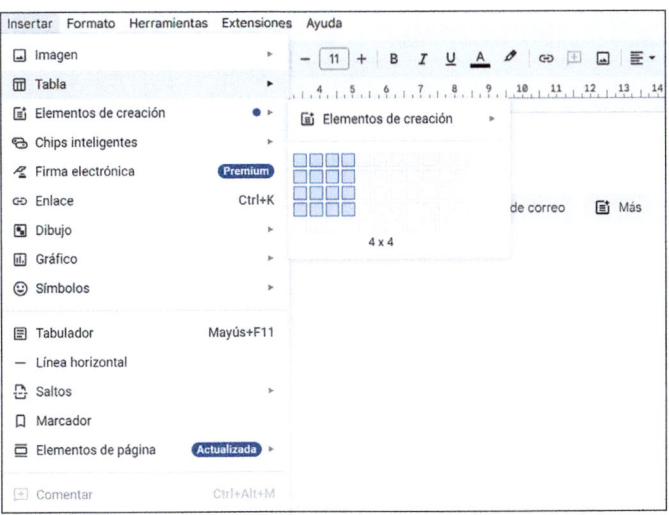

2. Para modificar la estructura:

   ⇕ Clic **derecho sobre la tabla → Insertar fila/columna o Eliminar fila/columna:**

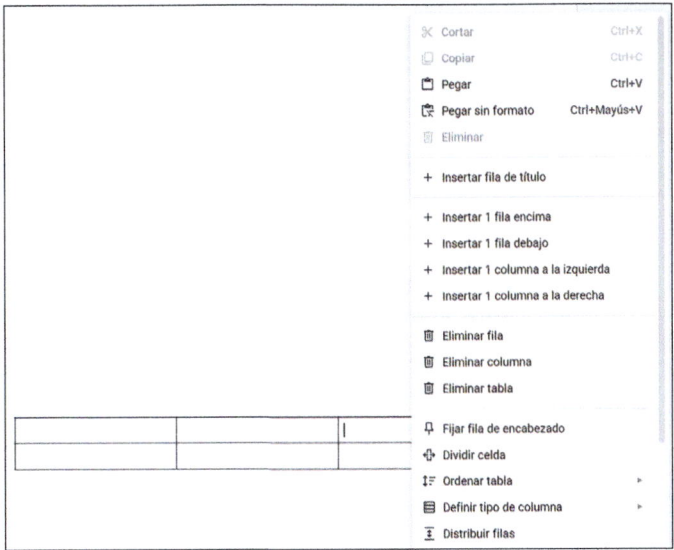

⇕ Ajustar el tamaño arrastrando las líneas o usando el menú contextual.

IMPORTANTE

Una tabla debe adaptarse al contenido, no al contrario. Cuando el texto es demasiado extenso, se recomienda dividirlo en celdas claras o usar listas internas.

2.2. Aplicación de bordes, sombreados y estilos

El uso de estilos visuales permite que la tabla sea **más legible, estética y profesional.**

Estos efectos ayudan a **resaltar información,** diferenciar filas o columnas y mejorar la apariencia general del documento:

➲ *Word:*

1. Seleccionar la tabla completa o el área que se quiera modificar.
2. Ir a **Diseño de tabla.**
3. Utilizar las opciones:

    ⇕ **Bordes:** exterior, interior, líneas específicas
    ⇕ **Sombreado:** elección de colores para celdas o filas
    ⇕ **Estilos prediseñados:** con colores corporativos o temáticos

4. Revisar el contraste para mantener la accesibilidad visual.

➲ *Writer:*

1. Seleccionar la tabla o las celdas concretas.
2. Ir a **Tabla → Propiedades,** o usar el botón derecho para acceder al menú.
3. En las pestañas de **Bordes** y **Área** se pueden personalizar colores, líneas y fondos.
4. *Writer* permite definir estilos avanzados, como líneas dobles, punteadas o mixtas.

○ *Google Docs:*

1. Seleccionar la tabla o las celdas a modificar.
2. **Clic derecho → Opciones de tabla:**

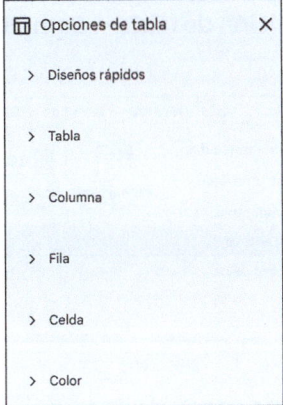

3. Para aplicar un estilo de forma uniforme, se recomienda seleccionar varias celdas a la vez.

NOTA

El formato debe ser coherente y minimalista. Un exceso de colores o de líneas puede provocar distracción visual.

- -

2.3. Fusión y división de celdas

La **fusión de celdas** permite unir dos o más celdas en una sola para lograr títulos más claros o para agrupar información. La **división de celdas** es el proceso contrario, es decir, separar una celda en varias.

El procedimiento en los tres procesadores principales es el que se expone a continuación:

➲ **Word:**

1. Seleccionar las celdas a unir.
2. Ir a **Disposición de tabla → Combinar → Combinar celdas:**

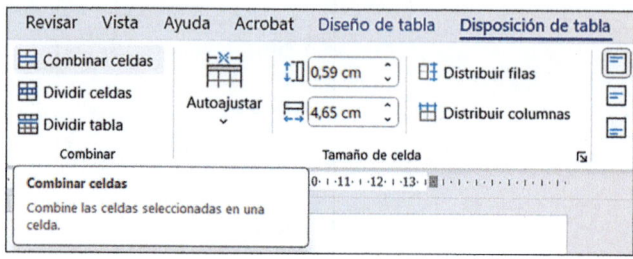

3. Para dividir: **seleccionar la celda → Dividir celdas y especificar filas y columnas:**

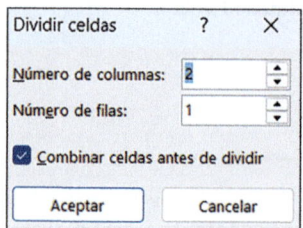

➲ **Writer:**

1. Seleccionar varias celdas.
2. **Tabla → Combinar celdas:**

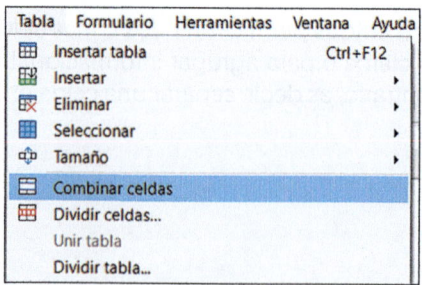

3. Para dividir: **Tabla → Dividir celdas** e indicar número deseado.

⮞ *Google Docs:*

1. Seleccionar las celdas a fusionar.
2. **Clic derecho → Combinar celdas:**

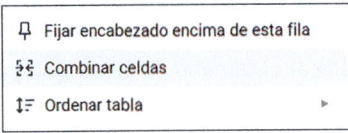

3. Para dividir celdas: **clic derecho → Separar celdas.**

 CONSEJO

Es recomendable que la fusión se utilice para titulares, encabezados o campos agrupados, pero se debe evitar un uso excesivo para no dificultar posteriores ediciones.

 ACTIVIDAD COMPLEMENTARIA

4. Investiga cómo se inserta una tabla en un procesador de textos *(Word, LibreOffice Writer* o *Google Docs)*, identificando los pasos básicos para su creación y modificación, y analizarás qué ventajas tiene utilizar el formato de tabla en lugar de texto libre para organizar información.

¿Cuáles son los pasos básicos para insertar y modificar una tabla en un procesador de textos?

¿Qué ventajas aporta organizar información mediante tablas frente al uso de párrafos o listas extensas dentro de un documento?

3. Inserción de imágenes y objetos

☞ HILO CONDUCTOR

Rocío necesita elaborar un documento que incluya ilustraciones y elementos visuales. Descubre que, además de texto, puede insertar imágenes, formas, iconos y gráficos para enriquecer la información y hacerla más clara y atractiva. Aprende a modificar el tamaño, la alineación y el ajuste con el texto para conseguir una presentación ordenada y sin desplazamientos inesperados.

- -

Un documento puede incluir **elementos visuales** que **complementan y refuerzan** la información escrita. Entre estos elementos se encuentran **imágenes, iconos, gráficos, formas, capturas de pantalla** e **ilustraciones.** Su función principal es apoyar el contenido textual, mejorar la comprensión, aportar ejemplos visuales y hacer el documento más atractivo.

Al insertar objetos, es importante conocer cómo **interactúan con el texto,** ya que pueden moverse, alinearse o ajustarse alrededor del contenido escrito. Es posible modificar su tamaño, recortarlos, aplicar estilos visuales o efectos, así como decidir si deben colocarse dentro del texto, en una posición fija o cerca de la información relevante.

NOTA

La integración visual debe realizarse de forma equilibrada, evitando sobrecargar el documento o generar dificultades de lectura.

- -

3.1. Inserción de gráficos, formas e iconos

Los procesadores de texto permiten añadir **objetos visuales** que enriquecen el contenido, mejoran la comprensión y aportan una presentación más profesional.

Entre los elementos más utilizados se encuentran los **gráficos** (estadísticos o ilustrativos), las **formas** (flechas, recuadros, globos informativos) y los **iconos** (pequeñas imágenes simbólicas para representar ideas o acciones).

A continuación, se explica cómo insertarlos en cada herramienta:

⊃ *Word:*

1. Ir a la pestaña **Insertar.**
2. Elegir el tipo de objeto:

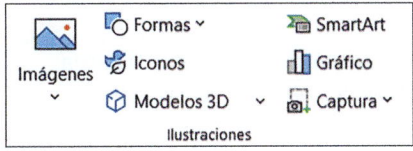

    ⇕ **Imágenes:** son fotografías o ilustraciones guardadas en el ordenador, en la nube o desde bancos de imágenes.

    ⇕ **Formas:** incluyen líneas, flechas, rectángulos, círculos, cuadros de texto, estrellas y otros elementos geométricos.

    ⇕ **Iconos:** son pequeñas figuras simbólicas que representan conceptos o acciones (por ejemplo, teléfono, correo, advertencia, reloj, nube, etc.).

    ⇕ **Modelos 3D:** son objetos tridimensionales que pueden girarse, moverse y visualizarse desde cualquier ángulo.

    ⇕ *SmartArt:* es una herramienta visual para organizar información mediante diagramas profesionales (procesos, ciclos, organigramas, relaciones, listados, pirámides, etc.).

    ⇕ **Gráfico:** permite crear gráficos estadísticos o comparativos, como columnas, líneas, barras, circulares, áreas o combinados.

    ⇕ **Captura** (o recorte de pantalla): es una herramienta para tomar una imagen de cualquier elemento visible en la pantalla.

3. Hacer clic sobre el diseño deseado para insertarlo en el documento.
4. Personalizar colores, bordes y estilos desde la pestaña **Formato.**

⊃ *Writer:*

1. Acceder al menú superior **Insertar.**

2. Seleccionar el elemento:

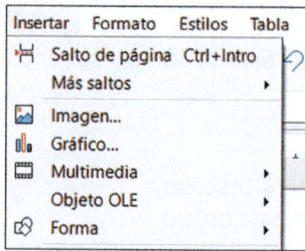

⇕ **Imagen:** permite insertar imágenes guardadas en el equipo, en la nube o desde una fuente externa.
⇕ **Gráfico:** inserta gráficos estadísticos (barras, líneas, sectores, dispersión, áreas, etc.) vinculados a una tabla de datos.
⇕ **Multimedia:** permite insertar archivos multimedia compatibles, como vídeo o audio.
⇕ **Objeto OLE:** inserta objetos procedentes de otras aplicaciones (por ejemplo, gráficos u hojas de cálculo de *LibreOffice Calc*), manteniendo su capacidad de edición.
⇕ **Forma:** inserta líneas, flechas, rectángulos, bordes redondeados, círculos, globos y otras formas para diseño visual y esquemas.

3. Ajustar diseño usando la barra de herramientas o las propiedades laterales.

⊃ *Google Docs:*

1. Ir al menú **Insertar.**
2. Elegir entre **Imagen, Dibujo, Gráfico** (vinculado con *Google Sheets),* o **Formas** dentro del apartado **Dibujo:**

3. Insertar y editar desde la ventana emergente si se usa la herramienta **Dibujo:**

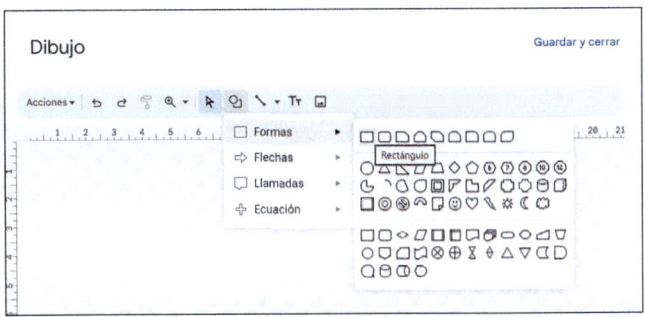

4. Guardar y colocar el elemento dentro del documento.

 IMPORTANTE

La elección del objeto visual debe estar justificada por su utilidad, no solo por estética.

3.2. Ajuste de tamaño, posición y alineación

Tras insertar un objeto visual, es necesario adaptarlo al documento para mantener una presentación ordenada, clara y equilibrada.

Esto implica cambiar su tamaño, colocarlo correctamente y alinearlo con el texto u otros elementos:

> **Para ajustar el tamaño**
> Para redimensionar, se arrastran los controladores de esquina con el ratón, lo que permite modificar la dimensión del objeto sin que se distorsione la imagen o el diseño.

Continúa en página siguiente >>

<< Viene de página anterior

Para decidir la posición
La posición puede ser estática o ajustada al texto, según la finalidad. Esto permite elegir si el objeto se queda fijo, se mueve con el párrafo o se integra con el contenido escrito.

Para alinear correctamente
Las herramientas de alineación permiten centrar, justificar o distribuir objetos proporcionalmente.

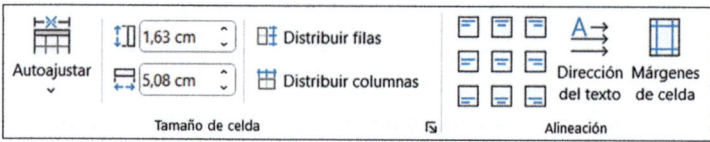

Las opciones de tamaño y alineación de celdas permiten ajustar la estructura de la tabla para lograr una presentación ordenada y equilibrada.

NOTA

La alineación correcta evita que el contenido se vea desordenado, desplazado o que resulte difícil de leer.

3.3. Combinación de texto con objetos visuales

Este proceso consiste en **integrar texto e imágenes de forma coordinada,** evitando que uno interfiera en la lectura del otro. El objetivo es que ambos elementos se complementen y mantengan un equilibrio visual que favorezca la comunicación.

Las formas más comunes de integrar ambos elementos son las siguientes:

Texto acompañando a la imagen (lado a lado)
- El contenido escrito se sitúa junto a la imagen, ocupando columnas paralelas o espacios contiguos.
- Esta opción permite comparar información rápidamente, favorece la lectura horizontal y resulta útil cuando se necesita relacionar conceptos de forma directa.

Texto explicativo debajo, a modo de pie
- La imagen se coloca sobre el texto y, debajo, se incluye una frase corta o descripción aclaratoria llamada "pie de imagen".
- Este formato se utiliza con la intención de que la persona lectora observe primero la imagen y, después, lea una breve interpretación o comentario que refuerce su significado.

Texto envolviendo el objeto visual
- La imagen se integra dentro del párrafo y el texto fluye alrededor de ella, como si fuera un elemento más dentro del contenido.
- Se usa para documentos narrativos o explicativos, donde la imagen refuerza el sentido de la lectura sin interrumpirla.

 **EJEMPLO**

Imagina que se necesita crear un documento informativo sobre hábitos saludables en el trabajo frente al ordenador para compartirlo con un equipo de oficina. El contenido deberá incluir texto explicativo, una imagen real, un icono y una forma como recordatorio visual. Todos los elementos deben quedar alineados, proporcionados y correctamente integrados con el texto.

1. Inserción de imágenes y objetos

Paso 1. Insertar una imagen representativa

En el procesador de texto, se inserta una imagen donde se vea a una persona trabajando con postura correcta en un escritorio, para reforzar la idea visual del contenido.

- *Word:* Insertar → Imágenes
- *Writer*: Insertar → Imagen
- *Google Docs:* Insertar → Imagen

Continúa en página siguiente >>

<< Viene de página anterior

Una vez insertada, se coloca debajo del título principal, se reduce ligeramente el tamaño para que no ocupe toda la página y se centra para mejorar la presentación.

Pie de imagen sugerido: "Postura correcta frente al ordenador para evitar tensiones musculares".

Paso 2. Insertar un icono relacionado con la salud

Después del primer párrafo, se inserta un icono sencillo —por ejemplo, un corazón, un *check* o un símbolo de ergonomía—, con el fin de remarcar el mensaje principal.

- *Word:* Insertar → Iconos
- *Writer:* Insertar → Objeto OLE (o imagen SVG equivalente)
- *Google Docs:* Insertar → Símbolos → *Emojis*

El icono se coloca al lado del subtítulo de buenas prácticas, con un tamaño pequeño y proporcional al texto.

Paso 3. Insertar una forma para resaltar una recomendación importante

Se inserta un cuadro de texto o un rectángulo de color suave para incluir un mensaje clave, como recordatorio visual.

Recordatorio importante:

"Levántate cada 50-60 minutos y realiza pequeños estiramientos".

- *Word:* Insertar → Formas → Rectángulo
- *Writer:* Insertar → Forma → Formas básicas → Rectángulo
- *Google Docs:* Insertar → Dibujo → Formas → Rectángulo

La forma se coloca debajo del texto explicativo, centrada, con un color pastel y el texto en letra clara.

 2. Ajuste de tamaño, posición y alineación

Para una correcta integración, se aplican los siguientes ajustes:

- La imagen principal se reduce mediante los controladores de esquina, nunca de los laterales, para no deformarla.

Continúa en página siguiente >>

<< Viene de página anterior

- El icono se ubica junto al subtítulo, alineado verticalmente para que quede integrado.
- La forma con el mensaje se centra y se deja espacio arriba y abajo para evitar saturación visual.

Además, se define el ajuste de texto:

- Imagen: Cuadrado o Ajustar texto
- Icono: En línea con el texto
- Forma: Centrada

3. Combinación equilibrada de texto e imágenes

El documento queda organizado siguiendo una estructura clara:

- Título principal
- Imagen inicial centrada + pie explicativo
- Párrafo introductorio
- Subtítulo con icono alineado lateralmente
- Lista breve de consejos
- Forma con mensaje destacado al estilo "nota"

ACTIVIDAD 6

Imagina que estás elaborando una ficha informativa digital para un documento interno de la empresa donde trabajas, relacionada con tres productos del catálogo.

Tu tarea consiste en crear una tabla clara y visual, acompañada de, al menos, dos elementos gráficos, siguiendo estas indicaciones:

- Crea una tabla de 3 filas y 4 columnas con los siguientes encabezados:

    Producto | Precio (€) | Disponibilidad | Imagen

- Inserta tres productos reales o inventados (por ejemplo: ratón inalámbrico, teclado ergonómico, soporte de portátil).
- Añade un precio estimado y su disponibilidad (En *stock* / Baja / Sin *stock).*

Continúa en página siguiente >>

<< Viene de página anterior

- En la última columna, inserta una imagen por cada producto (puede ser descargada, de iconos o de banco libre).- Ajusta el tamaño para que no desordene la tabla.
- Centra cada imagen en su celda.
- Debajo de la tabla, inserta un icono o forma destacada con una breve nota informativa como recordatorio visual (por ejemplo: "Revisar precios cada 30 días").
- Guarda el documento con el nombre: "Ficha_Productos_NombreAlumno.docx".

4. Resumen

Los procesadores de texto permiten crear tablas para organizar información mediante filas y columnas, modificando su tamaño, estructura y diseño con bordes, sombreados, estilos prediseñados y opciones de fusión o división de celdas. Las tablas deben ser claras, equilibradas y coherentes con el resto del documento.

Los documentos pueden incluir elementos visuales como imágenes, iconos, gráficos, formas o capturas de pantalla, adaptando su tamaño, posición, alineación y ajuste con el texto. Los elementos visuales deben:

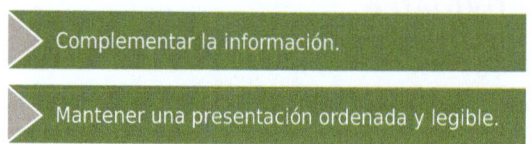

Complementar la información.

Mantener una presentación ordenada y legible.

El contenido visual se combina con el texto utilizando opciones como colocación lateral, pie explicativo o ajuste envolvente, evitando la saturación y asegurando un equilibrio entre estética y funcionalidad.

Ejercicios de autoevaluación
Unidad de Aprendizaje 5

1. **¿Cuál es la finalidad principal de crear una tabla dentro de un procesador de textos?**

   a. Decorar el documento con líneas y colores.
   b. Aumentar el tamaño del archivo.
   c. Organizar la información en filas y columnas para facilitar su lectura y comparación.
   d. Insertar imágenes y objetos gráficos.

2. **¿Qué opción permite insertar una tabla en *Microsoft Word*?**

   a. Diseño → Bordes
   b. Insertar → Tabla → Elegir filas y columnas
   c. Inicio → Formato → Insertar
   d. Vista → Diseño → Tabla rápida

3. **¿Qué tipo de errores visuales se deben evitar al aplicar formato a una tabla?**

   a. Bordes finos y colores suaves
   b. Estilos simples y alineaciones claras
   c. Exceso de colores, líneas gruesas y estilos diferentes sin coherencia
   d. Tamaños uniformes y celdas centradas

4. **¿Qué acción se realiza mediante la opción de combinar celdas?**

   a. Dividir una tabla en varias secciones.
   b. Insertar una nueva fila dentro de la celda.
   c. Unir varias celdas en una sola para crear un encabezado o agrupar información.
   d. Aplicar bordes automáticos a todo el documento.

5. ¿Qué elemento visual se utiliza para reforzar la comprensión de la información escrita?

    a. Imágenes, gráficos, formas e iconos insertados de manera equilibrada

    b. Márgenes decorativos y fondos coloridos

    c. Cambios de tipografía en el texto

    d. Espacios vacíos entre párrafos

6. ¿Qué ajuste permite que una imagen se integre visualmente con el texto sin desordenarlo?

    a. Justificar con margen derecho.

    b. Ajustar texto → Cuadrado o En línea con el texto.

    c. Convertir imagen a fondo de página.

    d. Centrar imagen y bloquear posición.

7. ¿Qué regla debe seguirse al integrar imágenes y texto?

    a. Usar muchos colores para llamar la atención.

    b. Insertar imágenes sin relación con el contenido.

    c. Colocar objetos visuales al azar para dar dinamismo.

    d. Mantener equilibrio visual y evitar saturación.

8. Indica si las siguientes oraciones son verdaderas o falsas:

    a. Las tablas permiten clasificar y presentar información de manera clara mediante filas y columnas.

        ■ Verdadero
        ■ Falso

    b. El formato de una tabla debe ser excesivamente colorido para destacar más.

        ■ Verdadero
        ■ Falso

c. Se pueden añadir o eliminar filas y columnas en cualquier momento para adaptar la tabla al contenido.

■ Verdadero
■ Falso

9. Indica si las siguientes oraciones son verdaderas o falsas:

a. Las imágenes pueden recortarse, ajustarse y alinearse para integrarse correctamente en el documento.

■ Verdadero
■ Falso

b. El ajuste de texto determina cómo se sitúa una imagen en relación con el contenido escrito.

■ Verdadero
■ Falso

c. Los iconos y formas no aportan valor a un documento profesional.

■ Verdadero
■ Falso

10. Indica si las siguientes oraciones son verdaderas o falsas:

a. La fusión de celdas permite crear encabezados más amplios o agrupar información relacionada.

■ Verdadero
■ Falso

b. Es recomendable deformar las imágenes estirando solo los laterales al redimensionarlas.

■ Verdadero
■ Falso

c. Una integración equilibrada de texto e imágenes mejora la presentación general del documento.

- Verdadero
- Falso

Realización de copias de seguridad del trabajo realizado

Contenido

1. Introducción
2. Guardado sistemático del trabajo realizado
3. Planificación de copias de seguridad
4. Resumen

Objetivos

→ Los objetivos específicos de esta Unidad de Aprendizaje son:

→ Guardar el trabajo realizado de forma periódica durante la sesión de edición.

→ Configurar la opción de guardado automático en el procesador de textos.

→ Saber establecer un sistema de copias de seguridad según la frecuencia de uso.

→ Conocer cómo almacenar copias en distintos soportes (locales y en la nube).

1. Introducción

Proteger el trabajo realizado durante la edición es una parte esencial del proceso, especialmente cuando se elaboran documentos largos o se trabaja con frecuencia en un mismo archivo. Los procesadores de texto incluyen funciones que permiten conservar los cambios de manera continua, evitar pérdidas inesperadas y recuperar versiones anteriores cuando se producen fallos técnicos o cierres accidentales.

Además del guardado automático, es necesario planificar un sistema de copias de seguridad adaptado a la importancia del contenido y a la frecuencia de uso. Combinar diferentes soportes —almacenamiento local, dispositivos externos y servicios en la nube— ofrece mayor protección y asegura que la información pueda recuperarse en cualquier momento.

Rocío, tras avanzar en varias prácticas, experimenta por primera vez la pérdida parcial de un archivo. Este incidente le hace comprender la importancia de crear hábitos de guardado y disponer de copias en diversos soportes. A partir de aquí, aprenderá a combinar herramientas automáticas, guardados manuales y sistemas de respaldo para trabajar con mayor seguridad.

2. Guardado sistemático del trabajo realizado

 HILO CONDUCTOR

En una sesión de trabajo especialmente ajetreada, Rocío está redactando un documento importante cuando, de repente, el ordenador se reinicia tras una actualización automática. Al volver a encenderlo, descubre que parte del texto que había escrito no aparece. Su tutora le explica que muchos programas incluyen herramientas que permiten guardar cambios de forma automática y recuperar versiones previas, evitando pérdidas inesperadas.

El **guardado sistemático** consiste en asegurarse de que el documento conserva los cambios realizados durante toda la sesión de trabajo. Esto incluye tanto el **guardado automático** que realiza el programa en segundo plano como el **guardado manual** que la persona usuaria ejecuta periódicamente.

NOTA

Aunque pueda parecer una tarea simple, este hábito evita perder tiempo, esfuerzo e información ante fallos inesperados del *software,* apagados repentinos o errores involuntarios.

Además, **verificar** que el archivo está correctamente guardado forma parte de este proceso sistemático. Esto implica revisar que aparece en la carpeta correcta, que su fecha de modificación coincide con los últimos cambios y que no existen versiones duplicadas que puedan generar confusión.

2.1. Uso del guardado automático y versiones de recuperación

El **guardado automático** es una función que registra los cambios del documento de forma continua mientras se trabaja. Su objetivo es evitar que un cierre inesperado, un corte de energía o un bloqueo del programa provoquen la pérdida de información reciente.

Aunque su comportamiento varía según el procesador de textos, en todos los casos actúa como una medida de protección complementaria al guardado manual:

- ⟳ *Microsoft Word.* El guardado automático está disponible cuando el archivo se encuentra en *OneDrive* o *SharePoint.* Además, *Word* también guarda información de recuperación en segundo plano *(AutoRecover),* lo que permite restaurar documentos tras un cierre inesperado.
- ⟳ *LibreOffice Writer.* La función equivalente se llama **Guardar automáticamente cada X minutos** y se puede activar desde **Herramientas →
Opciones → Cargar/Guardar → General.** Allí se puede configurar el intervalo de tiempo para guardar información de recuperación:

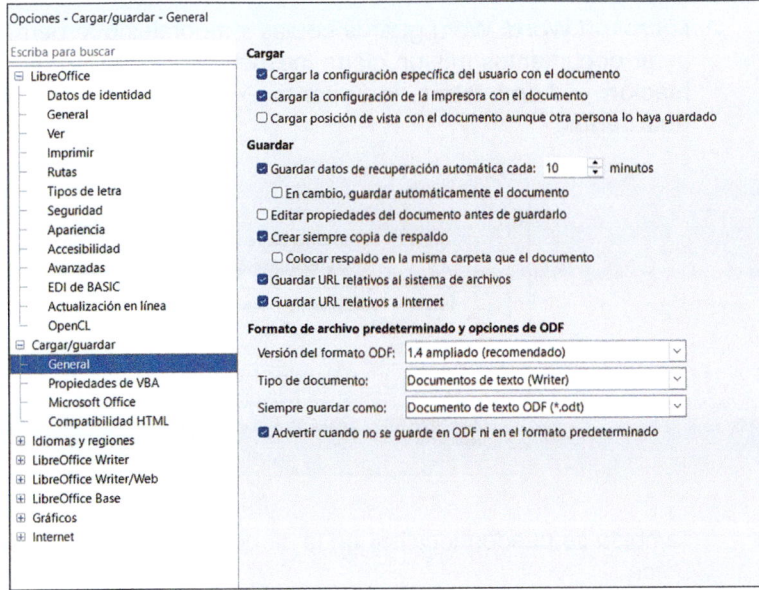

➲ *Google Docs.* El guardado automático es permanente y funciona en tiempo real. Cada cambio se guarda de forma inmediata en la nube, sin necesidad de pulsar **Guardar.** Esto funciona como un flujo continuo de actualizaciones hacia *Google Drive.*

Incluso si se cierra el navegador o se corta la energía, el documento queda almacenado en la última versión registrada en los servidores de *Google.*

Las **versiones de recuperación** permiten volver a estados anteriores del documento.

En *Word* y *Writer* sí existen mecanismos de recuperación, pero dependen de archivos temporales o copias de seguridad. En *Google Docs,* el historial de versiones es mucho más robusto y permanente, y permite volver a cualquier estado con precisión:

⮩ **Microsoft Word.** *Word* guarda copias temporales que permiten recuperar documentos tras un cierre inesperado. Desde **Archivo → Información → Administrar documento → Recuperar documentos no guardados:**

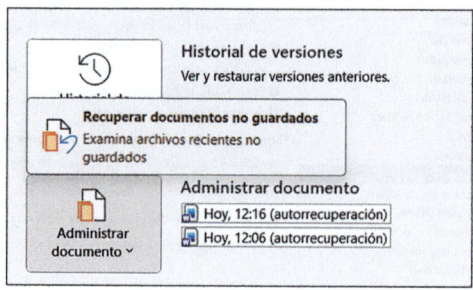

También se pueden localizar en la carpeta de archivos temporales de *Office.*

Si el archivo está en *OneDrive* o *SharePoint,* además del *AutoRecover,* se dispone de un historial de versiones completo que permite volver a estados anteriores.

⮩ **LibreOffice Writer.** Cuando *Writer* detecta un cierre inesperado, al volver a abrir la *suite* aparece un cuadro de diálogo que lista los documentos afectados. Allí se puede elegir entre **Recuperar** o **Descartar** cada archivo.

También se generan archivos temporales y copias de respaldo (.BAK) en la carpeta de usuario.

No existe un historial detallado de versiones como en *Google Docs;* la recuperación depende de los archivos temporales y de las copias de seguridad.

⮩ **Google Docs.** Cada edición queda registrada en la nube con un detalle muy fino (incluso por usuario en documentos colaborativos). Para ello, hay que ir a **Archivo → Historial de versiones → Ver historial de versiones:**

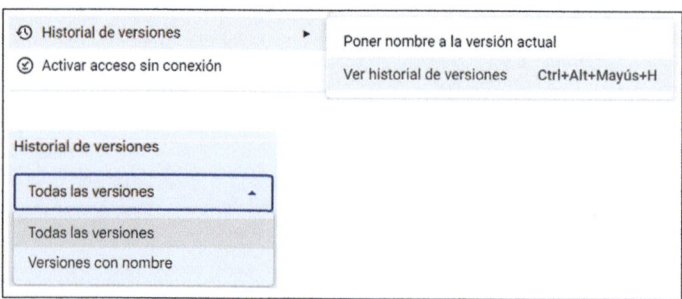

Se pueden restaurar versiones concretas, renombrarlas y consultarlas en cualquier momento, lo que ofrece un control mucho más granular que *Word* o *Writer.*

2.2. Procedimientos de grabación manual periódica

El **guardado manual** consiste en grabar el archivo de forma consciente y periódica mientras se edita un documento.

Aunque los programas modernos ofrecen guardado automático, realizar esta acción de manera habitual refuerza la seguridad del trabajo y asegura que el archivo se guarda exactamente en la ubicación deseada:

- **Microsoft Word.** En *Word,* el guardado manual se realiza desde **Archivo → Guardar,** o mediante el icono del disquete:

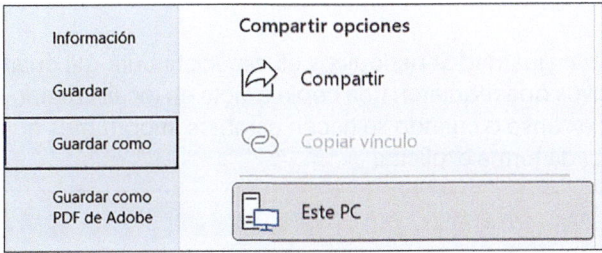

También puede utilizarse el atajo [Ctrl] + [G].

- **LibreOffice Writer.** Se usa la misma combinación de teclas que en *Word:* **Archivo → Guardar,** o mediante el icono del disquete:

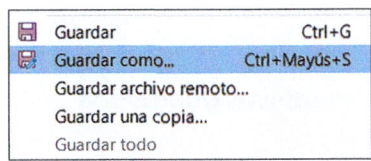

⊃ **Google Docs.** En *Google Docs,* también existe la opción **Archivo → Descargar** para generar versiones locales:

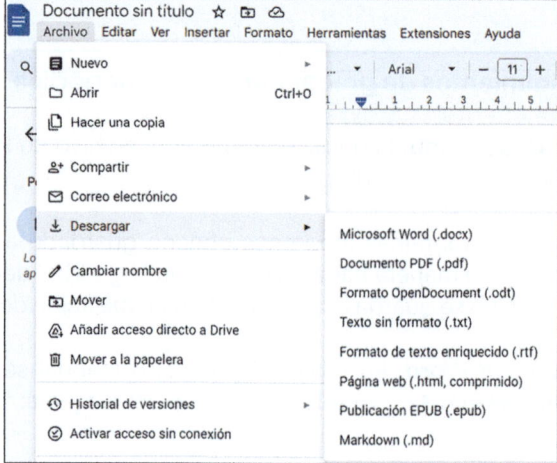

Realizar guardados periódicos es especialmente útil cuando se trabaja en archivos que requieren una copia exacta en local, cuando el documento es muy extenso o cuando se hacen cambios importantes que se quieren conservar de forma explícita.

 **IMPORTANTE**

Mantener este hábito es una forma sencilla de asegurar el avance del trabajo y evitar pérdidas innecesarias.

- -

2.3. Verificación de archivos guardados

La **verificación del archivo guardado** consiste en asegurarse de que el documento está correctamente almacenado, que contiene los últimos cambios realizados y que se encuentra en la carpeta adecuada.

NOTA

Este paso forma parte del proceso de trabajo seguro y ayuda a evitar pérdidas, duplicados o confusiones entre versiones.

Es recomendable realizar una verificación rápida basada en los siguientes puntos:

> **Revisar la fecha y la hora de modificación**
> - Aparecen en la carpeta donde está el archivo.
> - Deben coincidir con el momento de la última edición.

> **Comprobar el nombre del archivo**
> - Evita confundirlo con versiones antiguas.
> - Es especialmente importante cuando se trabaja con varias copias similares.

En *Word* y *Writer*, esta verificación se realiza desde el explorador de archivos del ordenador.

En *Google Docs*, puede consultarse desde la propia interfaz del documento o desde *Google Drive*, donde se muestra el estado actualizado del archivo.

TAREA 7

Estás editando un documento importante para tu departamento y necesitas asegurarte de que no se pierde ninguna parte del trabajo.

Para completar esta tarea, aplica las medidas reales de guardado sistemático y comprueba que los archivos quedan correctamente almacenados. Para ello, realiza las siguientes actuaciones en el procesador de textos que utilices *(Word, Writer* o *Google Docs):*

Continúa en página siguiente >>

<< Viene de página anterior

1. Configuración del guardado automático

- Activa la función de guardado automático o recuperación automática según el programa.
- Configura el intervalo adecuado, si es posible (por ejemplo, cada 5 minutos en *Writer)*.

2. Guardado manual periódico

- Guarda el documento manualmente al menos tres veces durante la edición.
- Comprueba que el archivo se almacena en la carpeta correcta con el nombre adecuado.

3. Recuperación y versiones

- Accede al apartado donde se encuentran las versiones de recuperación o el historial de versiones.
- Comprueba que existe al menos una copia temporal o una versión reciente.

4. Verificación del archivo final

- Abre la carpeta donde está guardado el documento.
- Revisa la fecha y la hora de modificación y confirma que coincide con tu último guardado.

Por último, explica en detalle el proceso que has seguido para realizar cada una de las tareas.

- -

ACTIVIDAD COMPLEMENTARIA

5. Investiga cómo funciona el guardado sistemático del trabajo en un procesador de textos *(Word, LibreOffice Writer* o *Google Docs)*, identificando los elementos clave del proceso, y analizarás por qué es necesario combinar el guardado automático, el guardado manual y la verificación del archivo final.

    a. ¿Qué papel desempeñan el guardado automático y las versiones de recuperación en la protección del documento?

Continúa en página siguiente >>

<< Viene de página anterior

b. ¿Por qué es importante mantener un hábito de guardado manual periódico, incluso cuando el programa dispone de guardado automático?

c. ¿Qué aspectos deben verificarse para asegurarse de que el archivo está
correctamente guardado y actualizado?

---

3. Planificación de copias de seguridad

 HILO CONDUCTOR

Después de perder un archivo en el pasado, Rocío decide pasar al siguiente
nivel: no solo quiere guardar, sino también proteger su trabajo. Observa que
algunos documentos los usa todos los días, otros únicamente una vez al mes,
y algunos contienen información que no puede permitirse perder. Su tutora le
muestra que las copias de seguridad deben adaptarse a la frecuencia de uso y
a la importancia del contenido.

La **planificación de copias de seguridad** consiste en establecer un sistema
organizado para crear duplicados del documento y garantizar su recuperación en caso de pérdida, corrupción del archivo o eliminación accidental.

Tener una estrategia clara permite anticiparse a los imprevistos y conservar
la información sin depender de un único soporte. Para comenzar, es necesario definir tres aspectos fundamentales:

> **Frecuencia con la que se harán las copias**
> Determinar cada cuánto se generará una copia según
> la importancia del documento y el ritmo de trabajo.

> **Elección de los medios de almacenamiento**
> Seleccionar los soportes donde se guardarán las copias:
> USB, red local o servicios en la nube.

> **Saber cómo restaurar una copia cuando sea necesario**
> Conocer el procedimiento para recuperar un archivo desde
> cualquiera de los soportes elegidos.

3.1. Frecuencia y responsabilidad de las copias

La **frecuencia** con la que se realizan las copias de seguridad debe ajustarse al ritmo de trabajo y a la importancia del documento.

No todos los archivos requieren el mismo nivel de seguimiento: algunos se modifican a diario, otros solo una vez por semana y algunos contienen información tan relevante que necesitan copias más frecuentes para evitar cualquier pérdida significativa:

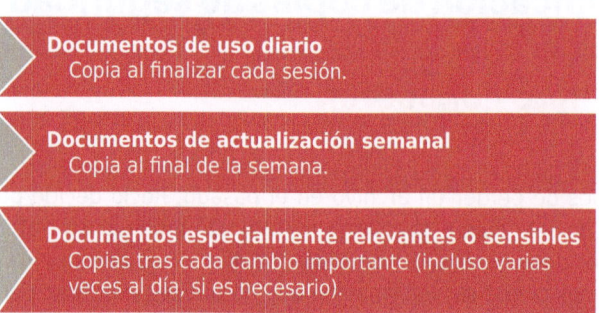

Documentos de uso diario
Copia al finalizar cada sesión.

Documentos de actualización semanal
Copia al final de la semana.

Documentos especialmente relevantes o sensibles
Copias tras cada cambio importante (incluso varias veces al día, si es necesario).

Es importante definir también la **responsabilidad de las copias,** es decir, quién se encargará de realizarlas cuando se trabaja en equipo o con documentos compartidos:

- **Entornos individuales.** En entornos individuales, basta con establecer una rutina personal.
- **Grupos de trabajo.** En grupos de trabajo, suele asignarse a una persona responsable o acordar un calendario de copias que evite omisiones o duplicados innecesarios.

 **NOTA**

Lo esencial es que exista un sistema claro y mantenido en el tiempo para garantizar la continuidad del trabajo ante cualquier imprevisto.

- -

◌ EJEMPLO

Imaginemos un equipo que trabaja con distintos tipos de documentos a lo largo de la semana. Cada archivo tiene un uso diferente y, por tanto, la estrategia de copia de seguridad también debe adaptarse. Estas son algunas situaciones posibles y cuál sería la decisión adecuada en cada una:

Situación	Descripción	Decisión correcta
Documentos de uso diario	Se modifican varias veces al día (informes, listados, tareas en curso).	Copia al finalizar cada sesión para asegurar una versión actualizada.
Documentos de actualización semanal	Solo cambian un día concreto de la semana (planificaciones, resúmenes, partes).	Copia al final de la semana, tras completar la actualización.
Documentos especialmente relevantes o sensibles	Contenido crítico donde cualquier pérdida supone un problema (documentos legales, proyectos finales, contratos, informes oficiales).	Copias tras cada cambio importante, incluso varias veces al día.

Entorno de trabajo	Descripción	Responsabilidad adecuada
Individual	Una sola persona gestiona sus propios archivos.	Rutina personal de copias según la frecuencia necesaria.
Grupo de trabajo	Varias personas editan documentos compartidos.	Asignar a una persona responsable o establecer un calendario de copias para evitar duplicados y olvidos.

3.2. Medios de almacenamiento: USB, red, nube

Los diferentes **medios de almacenamiento** permiten crear copias de seguridad adaptadas a cada necesidad. Cada opción aporta ventajas distintas y puede complementarse con otras para aumentar la protección del documento.

Conocer sus características ayuda a elegir el soporte adecuado y a diseñar un sistema de respaldo más completo:

⮞ Dispositivos USB:

- Son fáciles de transportar.
- Funcionan sin conexión.
- Permiten disponer de una copia física.
- Pueden perderse o dañarse; no deben ser el único soporte.

⮞ Carpetas en red:

- Forman parte de un sistema compartido.
- Se usan en oficinas y centros educativos.
- Permiten acceder al documento desde distintos equipos conectados.
- Son adecuadas para trabajo en equipo y entornos controlados.

⮞ Almacenamiento en la nube:

- Ofrecen acceso desde cualquier dispositivo con conexión.
- Son servicios habituales: *OneDrive, Google Drive, Dropbox.*
- Ofrecen sincronización automática y versiones anteriores.
- Protegen frente a fallos físicos del ordenador.

La combinación de varios medios —por ejemplo, una copia en la nube y otra en un USB— proporciona mayor seguridad y garantiza la disponibilidad del archivo incluso ante situaciones imprevistas.

 EJEMPLO

Imaginemos distintas situaciones en las que una persona —o un equipo— necesita guardar copias de seguridad de sus documentos. Cada escenario requiere un tipo de soporte diferente y, por lo tanto, la elección del medio de almacenamiento debe adaptarse a las necesidades reales del trabajo. A continuación, se muestran algunos casos habituales y cuál sería la opción más adecuada en cada uno:

Continúa en página siguiente >>

<< Viene de página anterior

Situación	Descripción	Medio(s) recomendado(s)	Por qué es la mejor elección
Trabajo sin conexión o en movilidad	La persona trabaja desde distintos lugares, sin acceso constante a internet.	USB o disco externo	Funcionan sin conexión, son fáciles de transportar y permiten guardar copias físicas.
Trabajo colaborativo en una oficina o centro educativo	Varias personas necesitan acceder al mismo archivo desde equipos conectados.	Carpeta en red	Facilita el acceso compartido y mantiene una única versión centralizada.
Trabajo desde varios dispositivos (ordenador, *tablet*, móvil)	Se necesita acceder al archivo desde diferentes equipos y ubicaciones.	Nube (*OneDrive, Google Drive, Dropbox*)	Permite acceso desde cualquier dispositivo y sincroniza las versiones automáticamente.
Documentos muy importantes o sensibles	Es imprescindible garantizar la protección ante fallos del equipo o pérdidas.	Combinación: nube + USB	La nube protege ante fallos físicos; el USB aporta una copia local adicional.
Documentos que no deben depender del ordenador principal	Se quiere evitar que un fallo del equipo haga perder todo el contenido.	Nube	Mantiene el archivo fuera del ordenador, con un historial de versiones y restauración.
Guardar copia puntual antes de un traslado o entrega	Solo se necesita una copia rápida y práctica.	USB	Permite transporte inmediato y no requiere conexión.

NOTA

A pesar del auge del almacenamiento en la nube y de las redes compartidas, el uso de dispositivos USB sigue siendo válido y útil en múltiples contextos. Su

Continúa en página siguiente >>

<< Viene de página anterior

portabilidad, facilidad de uso y compatibilidad con la mayoría de los equipos permiten transportar archivos de forma rápida sin necesidad de conexión a internet. Además, son una opción práctica para realizar copias de seguridad locales o compartir documentos en entornos donde la conectividad es limitada. Aunque presentan riesgos, como pérdida física o menor seguridad, su integración como parte de un sistema de respaldo combinado —junto con la nube o la red— refuerza la protección y disponibilidad de la información.

3.3. Restauración de copias en caso de pérdida

La **restauración** es el proceso mediante el cual se recupera el archivo desde una copia previamente guardada. Este procedimiento resulta esencial cuando un documento se ha eliminado por error, ha quedado dañado o no puede abrirse correctamente.

Cada medio de almacenamiento ofrece una forma específica de restauración, aunque el objetivo siempre es recuperar la versión más reciente disponible:

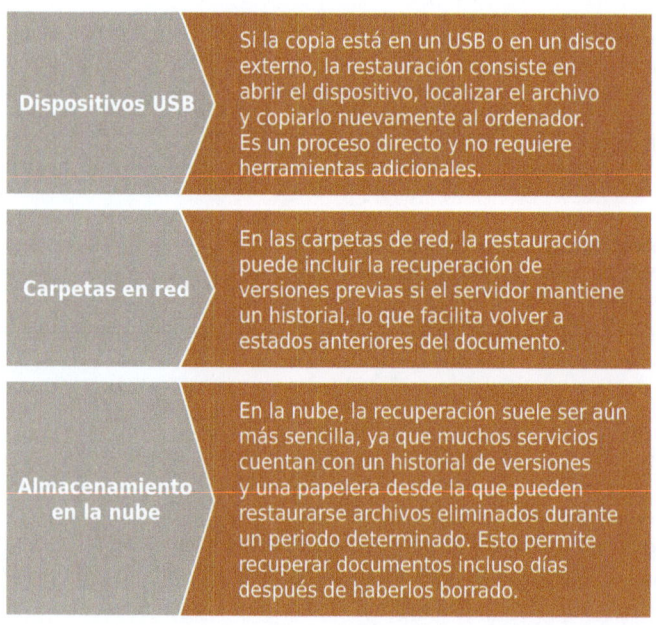

Dispositivos USB
Si la copia está en un USB o en un disco externo, la restauración consiste en abrir el dispositivo, localizar el archivo y copiarlo nuevamente al ordenador. Es un proceso directo y no requiere herramientas adicionales.

Carpetas en red
En las carpetas de red, la restauración puede incluir la recuperación de versiones previas si el servidor mantiene un historial, lo que facilita volver a estados anteriores del documento.

Almacenamiento en la nube
En la nube, la recuperación suele ser aún más sencilla, ya que muchos servicios cuentan con un historial de versiones y una papelera desde la que pueden restaurarse archivos eliminados durante un periodo determinado. Esto permite recuperar documentos incluso días después de haberlos borrado.

IMPORTANTE

Saber dónde está la copia, cómo acceder a ella y cómo devolverla al sistema de trabajo habitual garantiza que el proceso de edición pueda continuar sin pérdidas significativas.

- -

ACTIVIDAD 4

Rocío trabaja con distintos tipos de documentos: informes que modifica cada día, listados que solo actualiza los viernes y un contrato muy sensible que cambia de manera puntual, pero cuyo contenido no puede perderse bajo ningún concepto. Su tutora le pide que establezca la frecuencia de copias de seguridad adecuada para cada caso.

¿Cuál de las siguientes opciones describe correctamente una planificación coherente según la periodicidad de uso?

a. Realizar una copia diaria de todos los documentos, independientemente de su uso, porque así siempre habrá una copia reciente sin necesidad de distinguir entre tipos.
b. Hacer copias solo cuando se recuerde o cuando haya un cambio visual importante en el documento, ya que copiar demasiado genera archivos duplicados innecesarios.
c. Aplicar una frecuencia distinta según el ritmo de trabajo: copia diaria para los documentos de uso continuo, copia semanal para los que se actualizan una vez por semana y copias tras cada cambio importante para los documentos especialmente sensibles.
d. Guardar una sola copia mensual de todos los documentos, ya que la mayoría de las aplicaciones permiten recuperar versiones previas si surge algún problema.

- -

4. Resumen

Es fundamental proteger los documentos mientras se editan para evitar pérdidas provocadas por fallos del programa, cortes de energía o errores involuntarios. Para ello, se combinan dos hábitos:

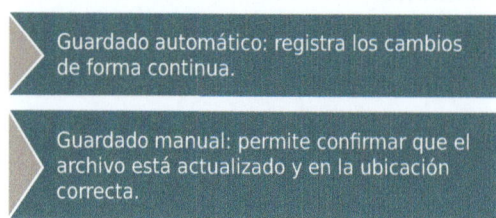

Guardado automático: registra los cambios de forma continua.

Guardado manual: permite confirmar que el archivo está actualizado y en la ubicación correcta.

También es importante verificar que el documento está bien guardado, comprobando la fecha de modificación y el nombre del archivo para evitar duplicados o confusiones.

La conservación del trabajo requiere, además, planificar copias de seguridad según la frecuencia con la que se modifica cada archivo. Los documentos de uso diario necesitan una copia al finalizar cada sesión; los que se actualizan semanalmente, una copia al final de la semana; y los que contienen información sensible o muy relevante, deben duplicarse tras cada cambio importante. Cuando se trabaja en equipo, conviene asignar quién es la persona responsable de realizar estas copias o acordar un calendario.

Las copias pueden almacenarse en distintos soportes:

Dispositivos USB

Carpetas en red

Servicios en la nube

Cada medio ofrece ventajas distintas, y la combinación de varios de ellos aumenta la protección. En caso de pérdida, los archivos pueden recuperarse desde cualquiera de estos soportes, ya sea copiando el documento desde un USB, consultando versiones previas en una red local o restaurando una versión desde la nube. Estos procedimientos garantizan que la información pueda recuperarse incluso ante incidentes imprevistos.

Ejercicios de autoevaluación
Unidad de Aprendizaje 6

1. ¿Qué es el guardado sistemático del trabajo?

    a. Guardar solo al finalizar el documento.
    b. Depender exclusivamente del guardado automático.
    c. Asegurar que el documento conserva los cambios mediante guardados automáticos y manuales periódicos.
    d. Guardar únicamente si se produce un fallo técnico.

2. ¿Qué herramienta permite recuperar versiones anteriores en *Google Docs?*

    a. Recuperación de documentos no guardados
    b. Archivo temporal .BAK
    c. Ventana emergente de recuperación automática
    d. Historial de versiones

3. ¿Cuál es la función principal del guardado automático?

    a. Hacer copias de seguridad diarias.
    b. Bloquear el documento mientras se edita.
    c. Evitar pérdidas por cierres inesperados, fallos del sistema o apagados repentinos.
    d. Crear archivos duplicados para compararlos.

4. ¿Qué práctica forma parte del guardado manual?

    a. Activar AutoRecover.
    b. Pulsar [Ctrl] + [G] o el icono de guardar periódicamente.
    c. Guardar solo cuando el archivo está terminado.
    d. Usar únicamente el guardado en la nube.

5. ¿Qué medio permite restaurar archivos desde una papelera integrada?

    a. Solo USB
    b. Carpetas locales del ordenador

c. Servicios en la nube como *OneDrive* o *Google Drive*
d. Discos externos sin sincronización

6. ¿Cuál es un ejemplo de documento que requiere copias frecuentes?

a. Un documento estático que no se modifica nunca.
b. Un cartel informativo que no tiene cambios.
c. Un documento relevante o sensible que se actualiza constantemente.
d. Un archivo descargado de internet.

7. ¿Qué permite verificar que un archivo está correctamente guardado?

a. Confirmar que el archivo se abrió sin errores.
b. Comprobar si el texto tiene imágenes.
c. Revisar fecha y hora de modificación y el nombre del archivo.
d. Desactivar el guardado automático para evitar conflictos.

8. Indica si las siguientes oraciones son verdaderas o falsas:

a. El guardado automático sustituye completamente al guardado manual y hace innecesario guardar manualmente el archivo.

- Verdadero
- Falso

b. *Google Docs* guarda automáticamente todos los cambios en tiempo real en la nube.

- Verdadero
- Falso

c. Verificar el archivo guardado implica comprobar su ubicación, el nombre y la fecha de modificación.

- Verdadero
- Falso

9. Indica si las siguientes oraciones son verdaderas o falsas:

a. Los documentos críticos requieren copias de seguridad más frecuentes que los documentos de uso semanal.

- ■ Verdadero
- ■ Falso

b. Los dispositivos USB son el único soporte recomendado para realizar copias de seguridad.

- ■ Verdadero
- ■ Falso

c. Combinar nube y USB mejora la protección general del documento frente a fallos o pérdidas.

- ■ Verdadero
- ■ Falso

10. Indica si las siguientes oraciones son verdaderas o falsas:

a. En la nube, los archivos eliminados no pueden recuperarse mediante papelera o historial de versiones.

- ■ Verdadero
- ■ Falso

b. La restauración desde un USB consiste en copiar el archivo nuevamente al ordenador.

- ■ Verdadero
- ■ Falso

c. No es necesario conocer cómo restaurar una copia si ya se han creado copias de seguridad previamente.

- ■ Verdadero
- ■ Falso

Glosario

Campo
Elemento dinámico que inserta información automática, como fecha, autor, numeración o resultados de cálculos.

Comentario
Nota que no modifica el contenido, y que se utiliza para la revisión o la colaboración entre varias personas.

Control de cambios
Función que registra todas las modificaciones realizadas en un documento para aceptarlas o rechazarlas.

Documento
Archivo que contiene texto, imágenes, tablas u otros elementos editables.

Encabezado
Área superior de cada página donde se colocan elementos repetitivos, como título, logotipo o numeración.

Estilo de carácter
Formato aplicado solo al texto seleccionado (negrita, cursiva, color, subrayado, etc.).

Estilo de párrafo
Configuración que controla alineación, sangría, espaciado y tabulación de un párrafo.

Estilo
Configuración predefinida que agrupa formato de texto, párrafo y encabezados para crear documentos coherentes.

Formato
Conjunto de ajustes visuales del texto o del documento: fuente, tamaño, color, márgenes, espaciado, etc.

Hipervínculo
Enlace dentro del documento que dirige a una página web, correo, archivo o ubicación interna del documento.

Pie de página
Zona inferior de la página donde pueden insertarse números, fechas o notas recurrentes.

Plantilla
Documento base con formatos y elementos predefinidos que sirve para crear nuevos documentos con la misma estructura.

Procesador de texto
Programa diseñado para crear, editar y dar formato a documentos digitales, como *Word, Writer* o *Google Docs*.

Referencia cruzada
Enlace interno que apunta a un elemento del documento (tabla, título, figura) y que se actualiza automáticamente.

Bibliografía

Monografías

→ RIGOLLET, P.: *Word: versiones 2019 u Office 365*. Barcelona: Ediciones ENI, 2021.

> Este libro es una obra práctica orientada al aprendizaje mediante ejercicios, más que un manual teórico o de referencia. Está diseñado como una batería completa de actividades con soluciones, pensada tanto para formadores que necesitan proponer ejercicios a su alumnado como para usuarios que desean afianzar y ampliar sus conocimientos de Word.

→ RIGOLLET, P., [et al.]: *Word Microsoft 365: domine las funciones avanzadas del tratamiento de texto de Microsoft®* (2.ª ed.). Barcelona: Ediciones ENI, 2024.

> Este libro está orientado a usuarios que ya dominan las funciones básicas de *Microsoft Word* y desean profundizar en sus herramientas avanzadas dentro del entorno *Microsoft 365*. Aborda de forma detallada la gestión de versiones y la coedición de documentos, la edición de archivos PDF, el uso de campos y elementos rápidos, y la personalización del formato mediante estilos, temas y plantillas.

→ VV. AA.: *LibreOffice 24: Calc, Writer e Impress: novedades y funciones esenciales*. Barcelona: Ediciones ENI, 2025.

> Este libro presenta de forma práctica las novedades y funciones esenciales de los tres módulos principales de *LibreOffice: Writer, Calc* e *Impress*. En *Writer* se trabajan tareas clave como introducir y dar formato al texto con atributos y estilos, buscar y corregir contenido, insertar tablas e imprimir documentos.

Documentos electrónicos

→ Escuela de Formación Continua. Autoformación *Microsoft Word 365,* de: <https://www.um.es/documents/d/autoformacion/manual-autoformacion-microsoft-word-365>.

> Es una guía formativa elaborada por la Escuela de Formación Continua de la Universidad de Murcia. Explica de forma clara y resumida cómo utilizar las funciones principales de *Word 365:* entorno de trabajo, edición básica, formatos, estilos, inserción de elementos y herramientas esenciales para crear documentos académicos o laborales.

→ Introducción a los procesadores de textos: *OpenOffice.org Writer,* de: <https://s2.puntxarxa.org/cbb/cursos/manuals/6_IntroduccioProcessadorsTextos_esp.pdf>.

> Este manual ofrece una introducción sencilla y práctica al uso de *OpenOffice Writer,* explicando las funciones básicas del procesador de textos: crear documentos, dar formato al texto, gestionar párrafos, insertar elementos y utilizar las herramientas esenciales para producir documentos bien estructurados.

→ *LibreOffice Documentation Project. LibreOffice:* Primeros pasos con *Writer,* de: <https://www.aplicateca.es/resources/45c94dcb-1ca4-4523-8133-e089d0721780/libreoffice%20-%20manual%20usuario%20writer.pdf>.

> Este manual introduce al lector en el uso de *LibreOffice Writer,* explicando los fundamentos del editor: creación y guardado de documentos, formatos básicos, estilos, encabezados, listas, tablas e inserción de imágenes. Es un recurso oficial que guía paso a paso a quienes comienzan con *Writer* y necesitan comprender sus herramientas esenciales de forma rápida y estructurada.

→ Tutorial *Google Docs,* de:
<https://webs.ucm.es/centros/cont/descargas/documento30029.pdf>.

> Este tutorial presenta una explicación sencilla de las funciones básicas de *Google Docs:* uso del editor *online,* ventajas del almacenamiento en la nube, acceso desde cualquier dispositivo, creación de documentos, formatos soportados y trabajo colaborativo.